Reinhard Abeln
Oh, du lieber Gott

Reinhard Abeln

Oh, du lieber Gott

Humorvolles für
kleine & große Kinder

benno

Bibliografische Information der Deutschen Nationalbibliothek
Die Deutsche Nationalbibliothek verzeichnet diese
Publikation in der Deutschen Nationalbibliografie;
detaillierte bibliografische Daten sind im Internet unter
http://dnb.d-nb.de abrufbar.

Besuchen Sie uns im Internet:
www.st-benno.de

Gern informieren wir Sie unverbindlich und aktuell
auch in unserem Newsletter zum Verlagsprogramm,
zu Neuerscheinungen und Aktionen.
Einfach anmelden unter www.st-benno.de.

ISBN 978-3-7462-4062-6

© St. Benno-Verlag GmbH, Leipzig
Umschlaggestaltung: Ulrike Vetter, Leipzig
Umschlagabbildung: © Gerhard Mester
Gesamtherstellung: Kontext, Lemsel (A)

Inhalt

Vorwort

Wer die Posaune
der Trübsal bläst,
überhört die kleine
Flöte der Freude.

JOHANNES BOSCO

„Ein Tag ohne Freude ist ein verlorener Tag", sagt eine bekannte Redensart. Du wirst mir Recht geben, dass dieser Satz stimmt. Wir brauchen täglich etwas zum Freuen. Ohne Freude – das heißt: ohne Spaß an dem, was wir tun – ist jeder Tag langweilig und traurig.

Dieses Buch will dich mit Schwung und Freude durch die kommende Zeit begleiten. Es enthält eine bunte Mischung von unterhaltenden und lustigen Beiträgen, viel Interessantes und Spannendes über Menschen und Tiere, Natur und Technik, Gott und Welt, dazu jede Menge zum Schmunzeln und Lachen.

Auf über 270 Seiten findest du eine Fülle von Texten, die dir viel Freude bereiten werden. Dazu gehören schöne Rätsel und knifflige Fragen, lustige Spielideen für frohe Stunden ohne Langeweile und verblüffende Gags und Zaubertricks. Und wenn du auf der Suche nach flotten Sprüchen und guten Lebensweisheiten – etwa fürs Poesiealbum – bist, findest du hier ein reichhaltiges Angebot.

Dieses Buch ist keines, das du nur einmal zur Hand nimmst und dann für immer zur Seite legst. Im Gegenteil: Du kannst und sollst immer wieder nach ihm greifen und darin blättern und lesen. Ich bin sicher, dass du immer wieder viel Neues und Verblüffendes darin entdecken wirst.

Nun wünsche ich dir viel Freude und Spaß beim Lesen, Knobeln und Rumschmökern in diesem Buch – dazu viel Glück und Gottes Segen an jedem neuen Tag!

REINHARD ABELN

Da lachen ja die Pfarrer: Witze rund um den Kirchturm

Alles relativ

Der Abt eines Benediktinerklosters erklärt seinen um den Tisch versammelten Mönchen, dass eine Gönnerin des Klosters den Mönchen ein kostbares Olivenöl geschenkt habe: Jeder, so der Abt, nehme sich nur ein „Kyrie eleison" davon!

Die Flasche geht herum, jeder Mönch spricht ein kurzes „Kyrie eleison" und reicht sie weiter. Als die Flasche schließlich beim Vater Abt ankommt, stimmt der ein „Kyrie eleison" an und singt so lange „Ky-y-yri-i-i-i-je-je-je-eeeeee-leee-i-soooooooooooooon", bis die Flasche leer ist.

Fluchen

Ein Pfarrer und eine Nonne spielen Tischtennis. Der Priester ist etwas aus der Übung, und schon bald erwischt er den Ball nicht und schimpft: „Kruzifix, daneben!"

Die Nonne ermahnt den Pfarrer, weil der liebe Gott das Schimpfen ja so gar nicht mag. Nach einer Weile jedoch entfährt es dem Pfarrer nach einem misslungenen Schmetterball wiederum: „Kruzifix, daneben!"

Nun wird die Nonne aber sehr streng und verbittet sich diese gottlose Schimpferei.

Der Priester nimmt sich auch zusammen, jedoch nach einem weiteren Fehlschlag entfährt es ihm wieder: „Kruzifix, daneben!"

Daraufhin erhebt sich ein gewaltiges Gewitter, es stürmt und donnert, und schließlich wird die Nonne von einem Blitz getroffen. Stimme von oben: „Kruzifix, daneben!"

Klagemauer

Ein Tourist im Heiligen Land weiß leider nicht, was auf Englisch Klagemauer heißt. So sagt er dem Taxifahrer: „Fahren Sie mich zu dem Bauwerk, wo die Leute klagen." Kurz darauf steigt er vor dem Finanzamt aus.

Kleingläubigkeit

In einem Dorf hatte es schon lange nicht geregnet. Die Bauern besprachen sich mit ihrem Pfarrer und sie vereinbarten, am Sonntag eine lange Prozession übers Land zu machen und um Regen zu bitten.

Als sie sich am Sonntag zur Prozession trafen, schaute der Pfarrer auf seine „Herde" und wies sie zurecht: „Liebe Gemeinde, eure Kleingläubigkeit macht mich traurig. Keiner von euch hat einen Schirm dabei."

Guter Rat

Frau Müller klagt beim Arzt: „Herr Doktor, wenn ich morgens vor der Arbeit meinen Kaffee trinke, tut mir immer das rechte Auge so weh!"

Da weiß ihr der Doktor einen guten Rat: „Nehmen Sie doch einfach mal den Löffel aus der Tasse!"

Höllische Chorprobe

„Das Thema der morgigen Abendveranstaltung heißt: ‚Die Hölle – was ist das?'

Und wenn Sie früher kommen, hören Sie bereits die Probe unseres Chors …"

Unverschämtheit!

Frank geht in die erste Klasse und kann schon schreiben. Zu Weihnachten schreibt er gleich einen Brief ans Christkind: „Liebes Christkind, ich wünsche mir zu Weihnachten von dir 22 Euro, damit ich mir den großen Traktor kaufen kann."

Der Briefträger weiß nicht recht, wohin mit dem Brief, und gibt ihn beim Pfarrer ab. Dieser will Frank nicht enttäuschen und schickt ihm einen Zehn-Euro-Schein.

Schon am nächsten Tag kommt wieder ein Christkindbrief beim Pfarrer an – und der Pfarrer liest:

„Liebes Christkind, danke für das Geld! Das nächste Mal schick es aber gleich zu mir und nicht erst zum Herrn Pfarrer. Der hat mir nämlich 12 Euro davon geklaut!"

Und ob!

Edgar möchte seinem Vater, der eine Glatze hat, zum Geburtstag ein gutes Haarwuchsmittel schenken. Er geht in die Apotheke und trägt dem Verkäufer seine Bitte vor.

Bevor er sich für das Mittel entscheidet, fragt er den Verkäufer:

„Funktioniert es auch wirklich?"

Der versichert ihm: „Aber natürlich! Wenn du heute Abend ein paar Tropfen auf deinen Bleistift gibst, hast du morgen früh eine Zahnbürste!"

Die Ausnahme

Ein junger Kaplan, der ein begeisterter Hobbyfallschirm-springer ist, kommt ins Fachgeschäft. Die Verkäuferin sagt: „Oh, Sie sind der Erste, der einen Fallschirm, der nicht aufgegangen ist, selbst zurückbringt!"

Nachtwache

Sagt der Pfarrer zum Kaplan, der gerade ins Kino geht: „Lieber Mitbruder, wenn ich noch beten sollte, wenn du zurückkommst, dann weck mich bitte."

Kaffee oder ...?

Beim Frühstück sagt die Haushälterin zum Kaplan: „Sieht nach Regen aus."
Darauf der Kaplan: „Ja, aber man merkt, dass es Kaffee sein soll."

Eifersucht

Als Adam am helllichten Morgen heimkam, war Eva eifer-süchtig. „Überleg doch mal", versuchte Adam sie zu be-ruhigen, „in der ganzen Schöpfung gibt es nur dich und mich." Besänftigt schmiegte sich Eva an ihn. Doch kaum war er eingeschlafen, zählte sie sorgfältig seine Rippen nach.

Schau an!

Zum Zahnarzt kommt ein Junge, der vor Angst schlottert. Der Zahnarzt erkennt ihn und grinst: „Schau an, bist du nicht der Junge, der neulich in meinem Garten die Kirschen geklaut hat? Nimm Platz, mein Lieber! Nimm Platz!"

Ausgeschlafen

„Was, Nachbar, du warst gestern wohl nicht in der Kirche?" „Nee, war ich nicht. Gestern hab ich zu Hause ausgeschlafen."

Verwechslung

Otto ist in der Kirche eingenickt. Da stößt ihn der Küster sachte an und hält ihm den Klingelbeutel unter die Nase. Erschrocken fährt Otto hoch und sagt: „Nein, nein, das ist nicht meine Mütze!"

Ehrenamt

Helmut hat in zehn Vereinen ehrenamtliche Aufgaben übernommen. Als ihn der Pfarrer bittet, doch auch in der Pfarrei noch eine Aufgabe zu übernehmen, wehrt sich Helmut:
„Herr Pfarrer, ich hab einfach schon zu viel am Hals. Schauen Sie selbst einmal in meinen Terminkalender! Wenn z. B. heute noch etwas schiefläuft, habe ich frühestens übernächsten Mittwoch Zeit, mich darüber ärgern zu können."

Ganz von allein

Oliver blickt über den Zaun und sagt zum Nachbarn: „Was machen Sie da eigentlich im Gemüsebeet?"

„Ich ziehe das Unkraut heraus."

„Ach? In unserem Garten kommt es ganz von allein aus der Erde!"

Nomen ist Omen

Im Pfarrhaus wird eingebrochen. Der Dieb schleicht in das Wohnzimmer des Pfarrers. Plötzlich hört er: „Jesus und ich sehen dich!" Er erschrickt, macht aber dann das Licht an und schaut sich um.

Da sieht er in einem Käfig einen Papagei sitzen. „Hast du mit mir gesprochen?"

„Ja!"

„Wie heißt du denn?"

„Maria Magdalena!"

„Ist aber 'n blöder Name für 'nen Papagei!"

„Jesus ist auch 'n blöder Name für 'nen Rottweiler!"

Fairer Tausch

Kommt ein Mann in ein Fahrradgeschäft und sagt: „Ich hätte gern eine Klingel für mein Fahrrad."

Der Verkäufer stutzt und antwortet: „Das ist ein fairer Tausch, einverstanden!"

Kollekte

Ein Rabbi, ein katholischer Priester und ein evangelischer Pastor unterhalten sich, was sie mit ihren Kollekten machen.

Der Katholik: „Wir zeichnen einen Kreis auf den Boden, werfen das Geld hoch, was im Kreis landet, ist für Gott, das andere wird geteilt."

Der Evangelische: „Wir zeichnen einen Kreis, werfen das Geld hoch, nur das Geld außerhalb des Kreises soll für Gott sein."

Der Rabbi: „Wie werfen das Geld hoch, und was Gott haben will, soll er sich nehmen."

Wer hat Recht?

Ein Maler hatte die Kirche ausgemalt und nun kam der Pfarrer, um das Werk abzunehmen. Sein Blick wanderte über das Kunstwerk und auf einmal erstarrte er: „Die Engel haben ja alle an den Händen sechs Finger! Haben Sie schon mal Engel mit sechs Fingern gesehen?!"

„Und haben Sie schon mal Engel mit fünf Fingern gesehen?", antwortete der Maler.

Still sein?

Nachdem der Pfarrer bereits 45 Minuten gepredigt hat, fängt das kleine Mädchen an, unruhig zu werden. Die Mutter sagt ihm, dass es ruhig sitzen soll.

Nach weiteren fünf Minuten macht das Mädchen wieder seinen Unfug. Die Mutter wird nun langsam ärgerlich und sagt dem Mädel:

„Weißt du überhaupt, warum man in der Kirche still sein soll?!"

„Sicher, Mama, weil alle Leute schlafen."

Nur langsam

Zwei Jungen spielen abends auf der Straße. Am Kirchturm schlägt es acht.

Einer erschrickt: „Ich muss sofort nach Hause."

„Nur langsam", meint der andere. „Wenn wir jetzt heimgehen, gibt es Prügel. Wenn wir um neun Uhr kommen, freuen sich alle, dass nichts passiert ist."

Alle müssen sterben

Zwei Pfarrer treffen sich: „Mensch, hatt' ich heute einen anstrengenden Tag: zwei Beerdigungen, zwei Einäscherungen und eine Kompostierung!"

„Wie, Kompostierung?"

„Na ja, die Vegetarier sterben auch!"

Leider kein Engel

Drei Männer sitzen im Münchner Rathaus und trinken Bier. Eine Maß, noch eine Maß …

Da sagt der erste: „Wollmer net 'naufsteigen auf den Münchner Rathausturm und auf d' Stadt 'nunterschaun?"

„Ja, des mach mer!" Sie steigen hinauf.

Da sagt der erste: „Wollmer wetten, dass i hinausteig, um den Turm herumflieg und wieder hereinkomm?"

„Des schaffst nie und nimmer!" Er steigt hinaus, fliegt rum um den Turm und kommt wieder herein.

„Des gibt's doch gor net!"

Da sagt der zweite: „Wollmer wetten, dass i des aa kann?"

„Naa!"

Der steigt hinaus, fliegt nun um den Turm und kommt zurück.

„Des gibt's netta! Des probier i aa", sagt der dritte, steigt hinaus aus dem Turm und stürzt nach unten, wo er tot liegen bleibt.

„Jesses!", sagt der erste zum zweiten, „'s hätt mer ihm vielleicht doch sagen solln, des mer zwoa Engel sann!"

Richtig gewogen?

Wütend kommt Helgas Mutter ins Obstgeschäft.

„Meine Tochter hat bei Ihnen zwei Pfund Kirschen geholt. Als ich nachgewogen habe, war es aber nur ein Pfund!"

„Ich empfehle Ihnen, lieber Ihre Tochter vorher und nachher abzuwiegen!", schmunzelt die Verkäuferin.

Schönheit hat ihren Preis

„Diese Schönheitsoperation kostet 20 000 Euro."

„Das spielt keine Rolle. Machen Sie das nur!"

Nachdem sie aus der Klinik kam, wurde die Frau an der nächsten Kreuzung von einem Auto überfahren. Als sie vor Petrus steht, klagt sie ihm:

„Das ganze Leben habe ich nur Entsagung gekannt. Und als ich nun endlich mal ein bisschen Freude erleben wollte, hast du mich vom Auto überfahren lassen."

Petrus antwortet: „Sorry, ich habe dich nicht erkannt."

Mit sieben Monaten

„Stellen Sie sich vor, mein Sohn ist erst sieben Monate alt und sitzt schon", erzählt Frau Huber beim Kaffeeklatsch.

„Nein, nein, die heutige Jugend!", sagt entsetzt Frau Hansen. „Was hat er denn angestellt?"

Der Fahrausweis

Ein Mann kontrolliert im Bus und sagt: „Ihren Fahrausweis bitte!"

Darauf erwidert der Pfarrer erbost: „Da kann ja jeder kommen. Kaufen Sie sich doch selber einen!"

Das Bett hüten

„Warum stehst du denn mit einem Stock vor dem Bett?", fragt der Arzt den grippekranken Wilhelm.

Darauf der Junge: „Sie haben mir doch verordnet, das Bett zu hüten!"

Missliche Lage

Der kleine Lukas hört, dass man bei geistlichen Exerzitien in der freien Zeit meistens schweigt.

Als er am nächsten Tag mit einem Eintrag aus der Schule nach Hause kommt und die Mutter ihn nach einer Erklärung fragt, wie es zu diesem Eintrag gekommen ist, versucht sich der kleine Sünder aus seiner misslichen Lage zu befreien und fragt die Mutter: „Mama, könnten wir nicht Exerzitien spielen?"

Angebot

In der überfüllten U-Bahn tippt eine stehende alte Dame dem sitzenden Hajo auf die Schulter und sagt:

„Wie wär's, mein Junge, darf ich dir meinen Stehplatz anbieten?"

Schwieriges Gebet

Daniel betet sein Abendgebet schon selbst: „Müde bin ich, geh zur Ruh ..."

Doch mit dem Wort „empfohlen sein" weiß der Junge so recht nichts anzufangen und versteht es auf seine Art. Und so hört man ihn beten: „Alle Kinder, groß und klein, sollen dir gestohlen sein ..."

Wahlweise

Auf einem italienischen Friedhof stehen auf einem frischen Grab drei Grabsteine. Auf dem mittleren steht: „Hier ruht Luigi, der Hütchenspieler."
Auf dem rechten steht: „Oder hier."
Auf dem linken steht: „Oder hier."

Von Berufs wegen

Unterhalten sich zwei Bekannte:
„Hallo! Wie geht's?"
„Na, es geht ganz gut. Hab eine gute Arbeit.
Stell dir vor, ich habe mehr als 600 Leute unter mir!"
„Und was machst du?"
„Ich arbeite auf dem Friedhof."

Gerade richtig

Der Verkäufer will Katharina eine Eieruhr aus dem Sonderangebot verkaufen.
„Wenn du diese Uhr benutzt, werden bei euch die Eier immer genau die richtige Festigkeit haben."
„Ich brauche eine solche Uhr nicht", entgegnet das Mädchen. „Wenn ich Eier koche, schaue ich immer aus dem Fenster auf die Verkehrsampel. Nach dreimal Rot und zweimal Grün sind sie gerade richtig."

Fegefeuer

Ein Mann kommt zum Pfarrer und gibt ihm 50 Euro, dass er für seine verstorbene Frau einige Messen lesen soll. Die Woche drauf kommt er erneut und zahlt 50 Euro. Als er in der dritten Woche wieder mit 50 Euro kommt, meint der Pfarrer:

„Sie müssen aber Ihre Frau sehr geliebt haben!"

„Wissen Sie, Herr Pfarrer, das ist so. Ich bin auch schon alt und wer weiß, wie lange ich noch lebe. Da wär mir's recht, wenn ich dann ins Fegefeuer komme, dass meine Frau schon weg wäre!"

Herr, erhöre sie

Eine Frau wird bei der Stasi angezeigt, weil ihr Papagei angeblich regimefeindliche Äußerungen tut. Sie wird vorgeladen. Da erinnert sie sich, dass ihr Pfarrer fast den gleichen Papagei hat. Sie geht zu ihm, er hilft natürlich und die Vögel werden vertauscht.

Als sie am nächsten Tag zum Verhör kommt, wird sie sofort vom Papagei getrennt. Dieser wird von einigen Genossen extra verhört. Sie warten zunächst 10 Minuten, ob er etwas sagt. Als das nicht der Fall ist, flüstern sie ihm leise vor: „Nieder mit der SED!" Der Papagei schweigt.

Nach weiteren 10 Minuten rufen sie lauter: „Nieder mit der SED!" Auch jetzt schweigt der Vogel. Nach weiteren 10 Minuten ist es ihnen zu bunt und sie brüllen aus vollem Hals: „Nieder mit der SED!" Da dreht der Papagei seinen Kopf und sagt: „Der Herr erhöre euer Flehn!"

Kein Bedarf

Ein Pfarrer wendet sich an den Stadtrat um finanzielle Hilfe für die Reparatur der Friedhofsmauer, die bereits an vielen Stellen einzustürzen droht. Nach geraumer Zeit bekommt er Antwort:

„Ihr Antrag auf finanzielle Unterstützung bei der Reparatur der Friedhofsmauer ist wegen Bedarfslosigkeit abgelehnt, denn diejenigen, die auf dem Friedhof sind, flüchten nicht mehr, und die Lebenden wollen dort nicht hin.
Hochachtungsvoll, der Bürgermeister."

Logische Schlussfolgerung

„Wo hast du denn das Fahrrad her?", erkundigt sich die Mutter bei ihrem Sohn Markus.

„Das war so", erzählt der Junge, „das Rad stand unverschlossen am Friedhof. Kein Mensch war zu sehen. Da dachte ich, dass der, dem das Rad gehört, gestorben ist. Und dann habe ich das Rad mitgenommen."

Der sichere Weg

An einer Almhütte fragt Olaf den dortigen Käsemacher: „Können Sie mir einen ungefährlichen Weg zum Gipfel zeigen?"

„Ja, geh nur immer den Kuhfladen nach, denn da, wo die Rindviecher gehen, kann dir auch nichts passieren!"

Schild an der Krippe

In einer Kirche stand lange Zeit nach Weihnachten noch die leere Krippe hinten in der Kirche. Eines Sonntags hing ein großes Schild an dem Stall: „Zurzeit in Ägypten!"

„Nicht traurig sein"

Am Nachmittag des Karfreitags sind die Erstklässler eingeladen, und der Pfarrer erzählt den Kindern die Geschichte von der Kreuzigung und dem Tod Jesu. Die Kinder sind sehr betroffen.

Auch die beiden siebenjährigen Mädchen Jeannette und Tina sind ganz bedrückt, bis auf einmal Jeannette ganz liebevoll den Arm um Tinas Schultern legt und sagt: „Du brauchst nicht traurig zu sein, Tina, weil Jesus gestorben ist. Der steht wieder auf, das habe ich nämlich gestern schon im Fernsehen gesehen."

Gute Aussichten?

Ein Prediger wandte sich sonntagmorgens zu seiner Gemeinde: „Ich habe eine gute und eine schlechte Nachricht. Die gute ist, wir haben genug Geld, um unser neues Missionsprojekt zu finanzieren. Die schlechte ist, es ist noch da draußen in euren Taschen."

Einfach tierisch

„Hörst du nichts?", fragt der eine Wachhund den anderen.
„Doch."
„Warum bellst du denn nicht?"
„Na, dann kann ich doch nichts mehr hören!"

Es dachte der Dackel, als er den O-Beinigen sah: „Endlich mal ein schöner Mensch!"

„Du bist ja der reinste Wirbelwind", sagt die Schnecke zur anderen. „Gestern warst du doch noch auf der anderen Straßenseite!"

„Von wegen Baumkuchen. So ein Betrug!", schimpft der Holzwurm, als er aus der Konditorei kommt.

Ein Arzt genügt

Papst Pius XI. erkrankte 1936 im Alter von 79 Jahren schwer.
Als sein Leibarzt, Professor Milani, einen Kollegen zur Behandlung heranziehen wollte, lehnte der Papst lächelnd ab: „WOZU denn? Ein Arzt genügt doch völlig, um einen Kranken umzubringen."

Gewusst wie

Drei Franziskaner und drei Jesuiten fahren nach Rom zur Audienz beim Papst. Die Franziskaner kaufen drei Fahrkarten und die Jesuiten für alle drei nur eine Fahrkarte. „Wie wollen die den Schaffner überlisten?", fragen sich die Franziskaner.

Alle steigen ein, sitzen zusammen im selben Abteil, und der Zug fährt ab. Der Kontrolleur ist zu hören. Die Jesuiten stehen auf und flüchten auf das WC. Der Kontrolleur locht die Fahrkarten der Franziskaner und klopft dann an die WC-Tür. Die Jesuiten stecken ihre Fahrkarte unter der Tür durch, der Schaffner locht sie, schiebt sie zurück und geht weiter. Aufmerksam haben die Franziskaner alles beobachtet. „Wenn wir zurückfahren, machen wir das genauso."

Nach dem Besuch beim Papst kaufen sich die Franziskaner nur eine Fahrkarte, die Jesuiten aber gar keine. Sie sitzen wieder alle zusammen im selben Abteil. Der Kontrolleur ist zu hören. Die Franziskaner springen auf und flüchten auf das WC. Es klopft an der Tür. Die Franziskaner schieben die Karte unter der Tür durch. Die Jesuiten nehmen die Karte und flüchten auf das WC am anderen Ende des Wagens.

Die „Sintflut"

Ein Wolkenbruch geht über der Stadt herunter. Die junge Schwester Siri aus Vietnam steht am Fenster des Krankenhauses.

„Eine wahre Sintflut ist das!", sagt eine Patientin.

„Wie bitte?", fragt Siri zurück, die das ungewöhnliche Wort nicht recht verstanden hat.

„Sintflut! Haben Sie denn noch nichts gehört von Noach und der großen Überschwemmung, bei der fast alles Lebende umgekommen ist?"

„Bitte, haben Sie Verständnis!", entschuldigt sich Siri. „Ich habe hier alle Hände voll zu tun und konnte in den letzten Tagen keine Zeitung lesen."

Streit im Paradies

Adam und Eva sitzen beim Mittagessen. Plötzlich schreit Adam seine Gefährtin an: „Was entdecke ich hier im Salat? Ist das nicht meine neue Sonntagshose?"

Nein danke!

Mariechen soll in der Kirche beim Adventsspiel der Schule die Rolle der Eva übernehmen.

„Aber ich will nicht die Eva spielen! Nackt gehe ich nicht in die Kirche", wehrt sie sich.

Märtyrer

Eine Frau sucht im Himmel ihren Mann. Er fehlt ihr noch zu ihrem Glück. Petrus sucht in seiner Kartei und blättert alles durch, was unter „heilige Männer, Bekenner u. a." steht. Seinen Namen findet er nicht.

„Ach", sagt seine Frau, „wie schade, wir waren doch über fünfzig Jahre zusammen."

„Ach so", sagt Petrus, „da muss ich noch anderswo nachschauen."

Und er nimmt den Kasten der „Märtyrer", wo der Mann dann auch wirklich zu finden ist.

Haltestelle Betlehem

Bernhard, fünf Jahre alt, bekommt zu Weihnachten eine Eisenbahn geschenkt. Das ist in seinen Augen das schönste Geschenk, das er bekommen hat.

In jeder freien Minute spielt er mit der Bahn unter dem Wohnzimmertisch. Jedes Tischbein ist eine Haltestelle: Berlin, Hamburg, München und – Betlehem.

Immer wenn der Zug am vierten Tischbein hält, ruft der Junge mit laut tönender Lautsprecherstimme: „Betlehem – Maria und Josef aussteigen!"

Voraussicht

Ein Kaplan verabschiedet sich von der Gemeinde und verkündet, dass er nun eine neue Stelle als Gefängnisseelsorger antreten wird. Zum Thema seiner Abschiedspredigt wählt er ein Wort aus Johannes 14,2:

„Im Haus meines Vaters gibt es viele Wohnungen. Wenn es nicht so wäre, hätte ich euch dann gesagt: Ich gehe, um einen Platz für euch vorzubereiten?"

Tausend Jahre sind eine Minute

Ein Jude – oder vielleicht war es ein Christ – betete zu Gott: „Herr im Himmel, du bist so alt, tausend Jahre sind für dich kaum eine Minute, und du bist ja so reich! Eine Million ist für dich höchstens ein Euro. Ich bitte dich, schenk mir doch so einen Euro." Da vernimmt er eine Stimme: „Wart eine Minute!"

Keine Schuld

Vor einer Herberge in Betlehem bitten Josef und Maria den Wirt um eine Bleibe für eine Nacht.

„Tut mir leid", antwortet der Wirt, „ich habe keinen Platz frei."

„Bitte helfen Sie uns", fleht Josef den Mann an. „Meine Frau erwartet in Kürze ein Kind."

„Na und?", antwortet der Wirt. „Dafür kann ich doch nichts!"

Darauf erwidert ihm Josef: „Meinen Sie vielleicht, dass ich etwas dafür kann?"

Ordensbrüder

Die einzelnen Orden schickten einen Vertreter nach Betlehem, um dem göttlichen Kind zu huldigen. Der Dominikaner legt seine Gaben mit den Worten in die Krippe: „Mein Gott, hier bringe ich dir die goldene Wissenschaft."

Der Benediktiner übergibt seine Gaben mit den Worten: „Das ist der Weihrauch unserer Gebete."

Und der Franziskaner sagt: „Hier, Herr, hast du die Myrrhe unserer Armut."

Inzwischen hat der Jesuit den heiligen Josef beiseitegenommen und flüstert ihm zu: „Wenn er dann groß geworden ist, schickt ihn auf unser Gymnasium. Wir werden schon was aus ihm machen!"

Gut gemacht

Ein Kaplan hat vor seiner ersten Predigt Lampenfieber. Er fragt den Apotheker, was er dagegen tun könne. Der Apotheker rät ihm, zur Beruhigung einen Schnaps zu trinken, und zwar immer dann, wenn er das Zittern bekäme. Die Predigt geht vorüber.

„Na, wie war ich?", fragt der Kaplan den Apotheker nach der Messe.

„Nun, ganz gut, nur: Kain hat Abel nicht mit der MPi erschossen, sondern er hat ihn erschlagen. Gott opferte nicht seinen Sohn den Eingeborenen, sondern seinen eingeborenen Sohn. Dann war es nicht der warmherzige Bernhardiner, sondern der barmherzige Samariter. Und am Schluss heißt es nicht ‚Prost‘, sondern ‚Amen‘."

Zum Nachdenken

Ein Mann war gestorben und erschien vor Gottes Richterstuhl. Er zeigte Gott seine Hände und sprach: „Sieh, Herr, sie sind rein."

Da schüttelte Gott traurig sein Haupt und antwortete: „Schlimmer, sie sind leer."

Überstunden

Als ein Rechtsanwalt gestorben war, kam er in den Himmel. An der Himmelstür spielte ein Orchester und Tausende von Engeln stimmten einen Jubelchor an.

Petrus selbst eilte herbei und schüttelte dem Anwalt die Hand. „Was für ein toller Empfang!", rief der Neuankömmling begeistert.

„Aber Sie sind ja was ganz Besonderes", erklärte ihm Petrus, „Wir hatten noch niemanden hier, der auf Erden 130 Jahre alt geworden wäre."

Der Anwalt stutzte: „Wieso? Ich bin doch erst 65!"

Petrus überlegte einen Augenblick: „Hm", sagte er schließlich, „dann müssen wir wohl alle von ihnen berechneten Gebührenstunden zusammengezählt haben."

Falsch verstanden

Im Lande regnete es ständig und die Ernte drohte zu verfaulen. Der Bischof von Castres entschloss sich also, die hl. Genoveva, die Schutzheilige für das Wetter, um Sonne zu bitten.

Dazu wurde mit einer Reliquie der Heiligen eine Prozession veranstaltet.

Der Himmel war wolkenverhangen, aber es regnete gerade nicht. Der Zug setzte sich in Bewegung und – es fing an zu regnen. „Die Heilige muss uns falsch verstanden haben", rief darauf der Bischof. „Sie meint, wir wollen Regen haben!"

Tierisch gut

Das Spinnenweibchen geht einkaufen. Sagt das Spinnenmännchen: „Nimm bitte das Netz mit, du weißt ja, wie teuer Plastiktüten sind!"

„Die Modezeitungen haben recht: Streifen machen schlanker!", denkt der Elefant beim Anblick des Zebras.

Warum hat der Storch so lange Beine? Antwort: Damit ihn die Frösche nicht in den Hintern treten können.

Verwechslung

Ein junger Pastor schiebt im Supermarkt einen übervollen Einkaufswagen, auf dem außerdem ein laut brüllendes Kind sitzt.

„Ruhig, mein Paulchen, bleib ganz ruhig, gleich sind wir wieder draußen", wiederholt der Pastor ständig.

Eine Verkäuferin hört es und lobt den Vater: „Erstaunlich, dass Sie nicht den Kopf verlieren und mit dem Kind so liebevoll reden."

„Da irren Sie sich! Paulchen, das bin ich!"

Besser als vorher

„Wie fühlen Sie sich mit der neuen Brille?", fragt der Optiker den Pastor.

„Hervorragend! Ich treffe auf einmal eine Menge Bekannte, die ich schon einige Jahre nicht mehr gesehen habe."

Chance verpasst

Paulchen weint bitterlich. „Was ist denn hier los?", will der Patenonkel wissen.

„Ich habe fünf Euro verloren!", schluchzt Paulchen. Da zückt der Patenonkel seine Geldbörse und sagt: „Paulchen, du bekommst fünf Euro von mir und alles ist wieder gut, ja?"

Paulchen strahlt. Er steckt das Geld in die Hosentasche. Nach einer Weile fängt er wieder zu heulen an.

„Was ist denn jetzt los, warum weinst du schon wieder?", fragt der Patenonkel.

„Weil ich nicht zehn Euro gesagt habe!"

Beichten im Himmel

Der Pfarrer sitzt mit seinen Bauern bei einem Spätschoppen. Natürlich hänselt man sich ein wenig. Und der Huber-Bauer erzählt: Da habe ich doch vor Kurzem einen Traum gehabt. Ich stand vor der Himmelstür. Dann klopfe ich ganz fest an, und der Petrus schaut heraus und fragt, was ich will. „Hinein möchte ich!"

„Bist du aber auch frei von Sünden?", fragt Petrus mich.

„Ganz frei werde ich nicht sein."

„Dann musst du vorher erst beichten!", befiehlt Petrus.

„Aber lieber, lieber Petrus! Bis ich da wieder herunterkomme – und der Pfarrer sitzt im Hirschen bei einem Bier – und es ist kein einziger Geistlicher da, der mir die Beichte abnimmt?"

Da schickt Petrus gnädig einen Engel, er soll schnell einen Geistlichen vom Himmel herausholen. Aber der Engel bleibt eine Ewigkeit lang aus und kommt dann ganz verschwitzt und verzagt zurück: „Ich habe den ganzen Himmel abgesucht und keinen einzigen Geistlichen gefunden!"

Vielleicht eine Bibel?

Eine Frau kommt in eine Buchhandlung und sagt: „Ich hätte gern ein Buch für einen Kranken."

„Darf es vielleicht eine Bibel sein?", fragt der Buchhändler zurück.

„Nein, nein, so schlimm ist es nicht!"

Noch ein Platz frei

Christof ist Taxifahrer und muss vorläufig noch den jeweils ältesten Wagen fahren.

„Na, ist Ihre Arche Noah schon voll?", fragt ein Kunde.

„Nein, ein Esel fehlt noch!", antwortet Christof gereizt.

Rätsel

Ein Mann wird von einem Auto überfahren, und es sieht ernst mit ihm aus.

„Der wird das vielleicht nicht überleben", denkt ein Priester, der gerade in der Nähe ist. Er geht zu dem Verletzten und fragt ihn:

„Glaubst du an Vater, Sohn und Heiligen Geist?"

„Ich liege hier im Sterben, und du gibst mir Rätsel auf?", wispert der Verletzte.

Sehr gern

Der Pfarrer sieht Karlchen nach dem Gottesdienst Hand in Hand mit seinem Großvater aus der Kirche gehen. Als er ihn das nächste Mal bei der Bibelstunde trifft, fragt er den Jungen:

„Na, Karl, du hast deinen Großvater wohl sehr gern?"

„Ja, das habe ich", antwortet der Junge, „vor allem, wenn ich daran denke, wie oft er meinen Vater verhauen hat!"

Wie bei der Schiffstaufe?

Klaus hat im Fernsehen schon etliche Male eine Schiffstaufe gesehen.

Als in der Familie der Tante die Taufe des neu angekommenen Babys ansteht, fragt der Junge die Mutter: „Wird auch eine Sektflasche an seinem Kopf zerschlagen?"

Lange bekannt

Melanie geht mit der Tante spazieren. Unterwegs begegnet ihnen der Pfarrer, der freundlich grüßt.

„Wer ist denn dieser Herr?", fragt das Mädchen interessiert.

„Aber Melanie", entsetzt sich die Tante, „den Pfarrer musst du doch kennen. Der hat dich doch getauft!"

Warum nur?

Ein Mann kommt in den Beichtstuhl: „Herr Pfarrer, helfen Sie mir, mich ignorieren immer alle."

„Der Nächste, bitte!"

Sensationell

Der Pfarrer gibt jedem Ministranten eine Tasche voll mit Bibeln, die sie in der Neubausiedlung an die Leute verkaufen sollen. Da kommt auch ein Ministrant hinzu, der immer stottert und sagt: „I-i-ch w-will auch v-v-ver-k-kau-f-f-fen." „Weißt du", erklärt ihm der Pfarrer, „du musst auch mit den Leuten reden, ihnen etwas über die Bibel sagen, sie ihnen empfehlen. Ich weiß nicht, ob du das kannst", versucht der Pfarrer den Jungen von seinem Plan abzubringen. „Ich v-v-ver-s-s-s-such das!", antwortet der Junge. Der Pfarrer gibt ihm eine Tasche. „G-g-geben S-S-Sie mi-mir z-z-zwei Ta-taschen bi-bi-tte!" Der Pfarrer gibt ihm zwei Taschen. Am Abend treffen sich alle in der Pfarrei. Alle haben zwei, drei Bibeln verkauft, nur der Stotterer hat alle beiden Taschen leer. „Wie hast du das gemacht?", fragt der Pfarrer überrascht. „G-g-ganz einfach", antwortet der Junge. „I-i-ich ha-habe ge-ge-geklingelt und g-ge-ge-fragt: Wo-wol-wollen S-S-Sie eine B-B-Bi-be-bel k-k-k-k-aufen o-o-o-oder s-soll ich sie I-Ihnen v-v-vor-le-lesen?"

Einfach tierisch

Zwei Bären sehen zu, wie im Herbst das Laub von den Bäumen fällt.
„Irgendwann lasse ich den Winterschlaf ausfallen und sehe mir den an, der im Frühjahr die Blätter wieder an die Bäume klebt!", sagt da der eine Bär.

„Warum willst du denn zum Fernsehen?", fragt die eine Made die andere.
„Ich habe gehört, dass die 'ne Menge alter Schinken gekauft haben sollen", antwortet diese.

Große Töne

„Wir sind eine musikalische Familie", erzählt Ministrantin Susanne dem Pfarrer. „Meine Schwester spielt immer die erste Geige, mein Bruder haut gern auf die Pauke, meine Mutter gibt stets den Ton an, mein Vater will uns die Flötentöne beibringen und mein Opa pfeift aus dem letzten Loch."
„Und du?", interessiert sich der Pfarrer.
„Ich? Ich darf nur selten einen Ton abgeben. Aber dann tu ich's dafür umso lauter!"

Gute und schlechte Nachrichten

Zwei Fußballspieler machen sich Sorgen, ob wohl auch im Himmel Fußball gespielt wird. Schließlich versprechen sie sich gegenseitig, dass der, der zuerst im Himmel ankommt, dem anderen Bescheid gibt, wie es dort damit bestellt ist.
Bald darauf stirbt tatsächlich der eine und kurze Zeit später erscheint er seinem Freund im Schlaf und sagt: „Ich habe zwei gute Nachrichten für dich: 1. Es wird hier tatsächlich Fußball gespielt. 2. Du wirst morgen schon als Stürmer eingesetzt …"

Parkplatznöte

Der Oberministrant kommt eine Viertelstunde zu spät zum Termin des Pfarrers und entschuldigt sich damit, dass er keinen Parkplatz gefunden habe.

„Die Sorgen kenne ich schon aus der Bibel", lächelt der Pfarrer. „Noach hat 40 Tage gebraucht, bis er für seine Arche einen Landeplatz finden konnte."

Der Pfarrer-Himmel

Petrus führt einen Neuankömmling durch den Himmel. Aus einem Raum dringt ohrenbetäubender Lärm.

„Das ist die Abteilung für die Kapläne", sagt Petrus entschuldigend.

Bei der nächsten Tür sagt Petrus: „Und hier ist die Abteilung für die Pfarrer."

„Warum ist es hier so mucksmäuschenstill?"

„Weil bis jetzt noch keiner da ist."

Pech gehabt

Der Papst ist seit ein paar Tagen im Himmel, und schon hat er die erste Beschwerde an Petrus: „Was ist denn nur hier los? Ich bekomme eine kleine Zelle, in der ich hausen muss, und der Rechtsanwalt weiter vorne hat ein Zehn-Zimmer-Penthouse! Irgendetwas muss da falsch gelaufen sein!"

Antwortet Petrus: „Na, das hat schon alles seine Richtigkeit. Päpste haben wir hier oben mehr als genug, aber wir haben nur einen Rechtsanwalt!"

Kolosser . . .

Die zwei gewichtsschwersten Pfarrer des Bistums, so wird erzählt, gingen miteinander des Weges. Eine Frau mit einem Zwölfjährigen begegnete ihnen. Der Junge sagte zur Mutter: „Mama, sind das die Kolosser, von denen der heilige Apostel Paulus schrieb?"

Wer hat die Berge gemacht?

Der Pfarrer hat zu den Kindern über die Allmacht Gottes und die Erschaffung der Welt gesprochen. Zum Abschluss fragt er den kleinen Patrick: „Sag mir also, wer hat unsere schönen Berge gemacht?"
Als der Junge nicht sofort antwortet, ergreift sein Banknachbar das Wort: „Herr Pfarrer, das kann der Patrick noch nicht wissen. Der ist erst vorige Woche in unser Dorf gekommen."

Der Abendhimmel

Der Pfarrer sieht, wie Ministrant Uli beglückt in das verglühende Rot am abendlichen Himmel schaut, und sagt: „Das freut mich aber, dass du Gottes wunderbare Schöpfung so bestaunst. Es ist ja auch wirklich ein wunderschöner Sonnenuntergang!"
Darauf erwidert ihm Uli: „Was heißt hier Sonnenuntergang, unsere Schule brennt!"

Eine ganze Drehung

Zwei bayerische Brüder unterhalten sich:

„Ich habe eine Frau kennen gelernt, wir möchten heiraten, allerdings ist sie evangelisch."

Der Bruder ist empört: „Das tust du nicht, da wird sich unser Vater im Grab herumdrehen."

„Dann such dir halt auch eine evangelische, dann liegt der Papa wieder richtig rum."

Höllenqualen

Der Pfarrer liegt sterbenskrank im Krankenhaus.

Freddy besucht ihn im Namen der Ministrantengruppe.

„Schöne Grüße – und wie geht es Ihnen?"

„Ich leide Höllenqualen!"

„Was, jetzt schon?", wundert sich Freddy.

Zu viel der Liebe

Moritz kommt zum Pfarrer gelaufen: „Herr Pfarrer, Sie müssen mal mit meinem Vater reden; der hat mich vorhin wieder versohlt!"

„Ja, weißt du", meint der Pfarrer, „du musst aber auch bedenken, dass Eltern immer aus Liebe strafen."

„Das weiß ich ja", räumt Moritz ein, „aber so viel Liebe habe ich nicht verdient!"

Gewonnen

Die Brüder Gabriel und Paul sollen am Sonntag im Hochamt ministrieren. Doch nur Gabriel ist pünktlich zur Stelle.
Da fragt ihn der Pfarrer: „Wo ist denn dein Bruder?"
Gabriel antwortet: „Der liegt im Krankenhaus."
Erschrocken fragt der Pfarrer zurück: „Was ist ihm denn passiert?"
„Wir haben miteinander gewettet, wer sich von uns am weitesten aus dem Fenster im ersten Stock herauslehnen kann. Und Paul hat gewonnen!"

Überall gewesen

Ein amerikanischer Tourist schaut hinab in den Krater eines Vulkans und bemerkt: „Das sieht ja aus wie in der Hölle!"
Sagt der Reiseleiter erstaunt: „Ihr Amerikaner seid wirklich schon überall gewesen ..."

Nicht schon wieder!

Auf der Hochzeit in Kana hat Jesus Wasser in Wein verwandelt. In viel Wein! Dieser wird von den Jüngern und der Hochzeitsgesellschaft ausgetrunken. Am nächsten Morgen haben alle einen dicken Kopf.
Petrus sagt: „Oh, hab ich einen Durst! Wer holt denn mal Wasser vom Brunnen?"
Jesus sagt: „Ich gehe."
„Nee, nee, nee!"

Langeweile

Erstklässlerin Mia langweilt sich furchtbar im Sonntags-gottesdienst. Ungeduldig rutscht sie während der Predigt in der Bank hin und her.

Da platzt es plötzlich aus dem Mädchen heraus und es fragt laut vernehmlich ihren Vater: „Papi, wenn wir dem Pfarrer jetzt schon unseren Euro geben, dürfen wir dann früher nach Hause gehen?"

Tierisches

Vater Känguru fragt seine Frau: „Wo ist denn das Kind?" Känguru-Mama beugt sich vor und wird blass: „Um Gottes willen, ich habe ein Loch in der Tasche!"

„Frisst der Löwe auch Menschen?", fragt die alte Dame im Zoo.

„Ja, aber gerade jetzt ist Menschenmangel und darum bekommt er nur Fleisch!", antwortet der Wärter.

Zwei Pferde spielen Lotto. Eins gewinnt 100 000 Euro. „Was machst du jetzt mit dem vielen Geld?", fragt das eine. „Ich kaufe mir eine Kutsche – ganz für mich allein!"

„Sag mal, wie viel PS hast du?", fragt ein Pferd das andere.

Im Alter

„Das muss für einen Priester aber sehr schlimm sein, wenn er merkt, dass er alt wird, die Stimme verliert und nicht mehr singen kann …"
„Ja, das ist schlimm. Aber viel schlimmer ist es, wenn er es nicht merkt!"

Ziel erreicht

Kommt ein Pfarrer ins Geschäft und gibt seinem Unmut freien Lauf: „Was haben Sie mir da verkauft! Das ist überhaupt kein Pulver gegen Motten, denn die fressen das mit größtem Vergnügen!"
„Na, sehen Sie! Die Motten fressen das Pulver und lassen Ihre Kleidung in Ruhe."

Die Autowäsche

Ein amerikanischer Pfarrer sagte, als es am Beginn seiner Predigt draußen plötzlich in Strömen zu regnen begann: „Seht, so gut ist der Herr! Während wir hier drinsitzen und uns erbauen, wäscht er draußen unsere Autos!"

Die Schöpfungsgeschichte

„Warum erzählt die Schöpfungsgeschichte, dass Gott die Welt in sechs Tagen erschaffen hat?", fragt der Pfarrer im Religionsunterricht.
Rolf hat da seine Vermutung: „Weil es damals noch keine Gewerkschaft und keine Fünf-Tage-Woche gab!"

Bloß nicht

Ein Deutscher, ein Italiener, ein Franzose sitzen in einer Kneipe. Da entdeckt der Italiener am Nachbartisch einen Mann. Er sagt zu seinen Freunden:

„Da drüben sitzt Jesus. Ich geh mal zu ihm hin und frage ihn, ob er mich von meiner Krankheit heilen kann."

Er geht rüber, und als er wieder zurückkommt, sagt er: „Wunderbar, ich bin geheilt!"

Das Gleiche macht der Franzose. Auch ihm wird geholfen! Da zahlt Jesus und will gehen.

Als er am Tisch der drei Freunde vorbeikommt, fragt er den Deutschen:

„Soll ich dich auch heilen?"

Der Deutsche: „Fass mich bloß nicht an, ich bin noch vier Wochen krankgeschrieben!"

Der ägyptische Josef

Ludwig darf die Geschichte des nach Ägypten verkauften Josef erzählen. Die Begebenheit im Haus des Potiphar schließt er mit den Worten:

„Josef aber sagte sich: ‚Ich brauche keine Frau! Lieber gehe ich ins Gefängnis!'"

Kluge Voraussicht

„Warum hat Gott den Adam zuerst erschaffen?"

„Damit Eva ihm nicht dreinreden konnte!"

Die Mücken und Würmer . . .

„Begreift doch endlich, liebe Kinder", ereifert sich der Pfarrer, „wie weise es der Schöpfer auf dieser Welt eingerichtet hat. Das Schwälbchen legt seine Eier ins geschützte Nest. Dann dauert es zwei, drei Wochen, und die Jungen sprengen die Eierschalen. Sie kriechen genau zu dem Zeitpunkt heraus, wenn es in der Natur die meisten Würmer und Insekten gibt. Würmer und Mücken aber bilden ihre erste Nahrung. Da pfeifen sie ein fröhliches Danklied zu Ehren Gottes, der alles so klug bedenkt und seine treuen Geschöpfe mit Wohltaten überhäuft."

Da fragt der kleine Lukas: „Singen da die Würmer und die Mücken auch mit, Herr Pfarrer?"

Einmal reicht

Hubertus Moosbacher, zu Hause im wunderschönen Bayern, möchte seiner musikinteressierten Frau zur goldenen Hochzeit eine besondere Freude machen und bestellt zum feierlichen Gottesdienst bei seinem Kirchenchor eine Mozartmesse.

Der Chorleiter fragt ihn: „a-Moll oder c-Moll?"

Moosbacher antwortet: „Ha, amol reicht, zehnmol wär doch ein bisschen viel in einer Messe."

Adams tiefer Schlaf

„Adam war zuerst ganz allein im Paradies – was ließ Gott dann eines Tages über ihn kommen?", fragt die Religionslehrerin.

„Ein Weib!", glaubt Arno zu wissen.

Schon zu alt?

Im Bibelunterricht soll Matthias die Abrahamgeschichte wiederholen. Er erzählt: „Abraham war schon hundert Jahre alt und hatte immer noch keinen Sohn geboren!"

Klarstellung

Der Pfarrer schärft seinen Schülern ein, dass bei der Religionsprüfung, wenn der Herr Dekan kommt, bei den Antworten „Herr Dekan" anzufügen sei.

Der Dekan prüft den Sündenfall: „Was sagte Gott zur Schlange?"

Darauf ein Schüler: „Verflucht sollst du sein unter allen Tieren, Herr Dekan!"

„Staub sollst du fressen, Herr Dekan!"

„Im Staub sollst du kriechen, Herr Dekan!"

Berechtigte Frage

„Ich hab ein neues Auto gekauft", erzählt ein Pfarrer seinem Mitbruder. „Das fährt so leise, das hörst du überhaupt nicht! Und es fährt so leicht, dass du es gar nicht spürst!"

„Toll! Und wie weißt du, dass du es hast?"

So ein Pech

Ein Pfarrer kauft eine Kinokarte. Nach kurzer Zeit kommt er zur Kasse zurück und verlangt eine weitere Karte.

Sagt die Frau an der Kasse: „Mein Herr, wenn Sie für mehrere Leute Karten kaufen wollen, kaufen Sie sie doch alle auf einmal."

„Ich will nur eine Karte für mich, aber als ich an die Tür kam, hat mir eine Frau die Karte zerrissen."

Aufgeblasen

Der Religionslehrer erzählt: „Gott bildete den Leib des ersten Menschen aus Erde und hauchte in sein Gesicht den Odem des Lebens, und so wurde Adam lebendig."

Nach einer Weile fragt der Lehrer die Klasse: „Wie ist Adam lebendig geworden?"

Keiner streckt den Finger. Nur Marcel weiß es: „Gott hat den Adam aufgeblasen!"

Was tat Noach danach?

Nach der Sintflut wurde Noach ein Ackermann. Leider will das der Judith in der Wiederholungsstunde nicht mehr einfallen.

„Nun, denke selbst einmal nach, wie Noach wohl damals versucht haben könnte, seine Familie zu ernähren", schlägt der Religionslehrer vor.

Da klickt es bei Judith: „Bestimmt machte er ein Fischgeschäft auf!"

Gott tut Wunder

Im Bibelkreis wird über den Auszug aus Ägypten gesprochen. Ein besonders eifriger Teilnehmer ruft beim Lesen plötzlich aus:

„Oh, groß ist Gott, und er tut Wunder. Er hat die Israeliten durch das Meer geführt!"

Der Pfarrer versucht, den Enthusiasmus zu bremsen: „Das ist ganz natürlich zu erklären. An dieser Stelle des Meeres war das Wasser nur etwa zwanzig Zentimeter tief."

„Ach, so ist das gewesen", meint der Teilnehmer leicht enttäuscht und liest weiter. Doch nach wenigen Sätzen ruft er erneut aus:

„Oh, groß ist Gott, und er tut Wunder."

„Was ist denn nun schon wieder?", fragt der Pfarrer.

„Gott hat bewirkt, dass die Ägypter in nur zwanzig Zentimeter tiefem Wasser ertrunken sind."

Ein uralter Name

Die Abstammung des Menschen ist Unterrichtsthema. Fritzchen Müller berichtet, sein Vater habe ihm erzählt, dass der Name Müller einer der ältesten Namen der Welt sei. Er meint dann:

„Herr Pfarrer, können Sie nicht aus Ihren Büchern herausbekommen, ob Adam und Eva vielleicht auch schon Müller geheißen haben?"

Die Weisheit des Schöpfers

Der Pfarrer spricht in der Bibelstunde von der Weisheit des Schöpfers, die schon von Beginn der Welt an auf vielfache Weise für die Bedürfnisse von Menschen und Tieren gesorgt habe. Michael weiß dazu auch ein Beispiel: „Brillen gibt es erst seit 200 Jahren; aber der Mensch hat, damit er Brillen tragen kann, die Ohren schon seit Adam und Eva!"

Bitte Nachsicht!

Ein recht betagter Pfarrer sitzt im Wartezimmer eines berühmten Arztes. Da kommt die Sprechstundenhilfe und erklärt: „Heute hält der Herr Professor keine Sprechstunde!"

Der Pfarrer blickt freundlich, bleibt aber sitzen. Die Sprechstundenhilfe erhöht ihre Lautstärke, und zum Schluss schreit sie so, dass die Fensterscheiben klirren.

Aber der schwerhörige Pfarrer bleibt trotzdem weiter sitzen. Da schreibt die Sprechstundenhilfe schließlich auf einen Zettel „Heute keine Sprechstunde!" und hält ihn dem Pfarrer vor die Augen.

Der nickt verlegen: „Ach Schwester, bitte schön, lesen Sie es mir doch vor, ich habe meine Brille vergessen!"

Gut erzogen

Der Verkäufer in der Tierhandlung empfiehlt Florian einen ganz besonders gut erzogenen Papagei.

„Siehst du, mein Junge, an jedem Bein hat der Vogel ein Kettchen. Wenn man am linken Kettchen zieht, sagt der Vogel ‚Guten Morgen', und wenn man am rechten Kettchen zieht, sagt er ‚Gute Nacht und schöne Träume'!"

Fragt Florian: „Und was passiert, wenn man an beiden Kettchen gleichzeitig zieht?"

Kreischt der Papagei: „Na, dann fall ich von der Stange, du Idiot!"

Gottes Auftrag

„Was sagte Gott zu Adam und Eva nach ihrer Erschaffung?", will der Kaplan von der Klasse wissen.

„Nun vermehrt euch schön!", meint Ingrid sich zu erinnern.

Freundschaftsdienst?

Zwei Freunde unterhalten sich: „Der Schmidt, Josef ist gestorben. Gehst du auf seine Beerdigung?"

„Wieso? Meinst du, er kommt auf meine?"

Offene Fragen
„Wo ist denn der Rest von der Torte geblieben?", wird Dirk von der Mutter gefragt.
Darauf der Junge: „Die hat unser Hund gefressen."
Die Mutter bleibt unerbittlich: „Und wer hat ihm den Schlüssel zum Schrank gegeben?"

Bei der Hochzeit zu Kana
Im Wortgottesdienst wird die Geschichte von der Hochzeit zu Kana vorgelesen. Die Gemeinde schmunzelt, als der Lektor liest:
„Der Speisemeister kotzete (statt kostete) das zu Wein gewordene Wasser ..."

Übereifrig?
Der junge Neupriester Felix kommt in die zugewiesene Pfarrei und fragt den Pfarrer diensteifrig: „Über was soll ich denn am Sonntag predigen?"
„Über alles, mein Junge", antwortet der erfahrene Seelenhirte, „nur nicht über 20 Minuten!"

Für die Fliegen
Gustavs Spielkameradin Moni wird von ihrer Mutter in die Drogerie geschickt, um Fliegenleim zu kaufen.
Da wundert sich Gustav und meint: „Also, bei uns müssen die Fliegen fressen, was auf den Tisch kommt. Extra kaufen wir für die nichts!"

Nicht gewollt

Ein Betrunkener kommt zur Beichte: „Ich muss etwas beichten. Ich habe soeben einen Dinosaurier überfahren!"
„Sie haben was?", fragt der Pfarrer ungläubig, „Dinosaurier sind ausgestorben!"
Da fängt der Betrunkene schrecklich an zu weinen: „Das habe ich doch nicht gewollt!"

Kein Irrtum

Lukas kommt in den Laden: „Ich möchte Käse vom Pferd."
Lächelt der Verkäufer: „Vom Pferd? Hör mal, mein Junge, das muss ein Irrtum sein."
„Nein", sagt der Kleine bestimmt, „ich möchte Schimmel-käse!"

Aberglaube

Ein Pfarrer geht seinen Mitbruder besuchen. Sie verbringen einen schönen Abend. Als er geht, entdeckt er über der Eingangstür des Konfraters ein Hufeisen.
„Das kann doch nicht sein. Du willst mir doch nicht etwa erzählen, dass du daran glaubst!"
„Nein, natürlich nicht, aber man hat mir gesagt, dass es auch dann hilft, wenn man nicht dran glaubt!"

Wieso?

„Sag mal, Markus", fragt der Lehrer, „wie füttern die Hühner ihre Küken?"

„Die werden gesäugt."

„Aber Junge, das können Hühner doch gar nicht."

„Wieso, haben Sie denn noch nie etwas von einer Hühnerbrust gehört?"

Die wunderbare Brotvermehrung

Ein schlichter französischer Landpfarrer spricht von der Kanzel aus über die Erzählung von der wunderbaren Brotvermehrung. Dabei verspricht er sich:

„Stellt euch vor, meine Brüder, was das heißt: fünf Menschen mit fünftausend Broten zu speisen!"

Dem Küster in seiner Ecke entschlüpft die Bemerkung: „Das kann jeder andere auch!" Ersticktes Gelächter unter den Gläubigen.

Am nächsten Sonntag berichtigt sich der Pfarrer: „Ich habe mich neulich versprochen. Ich wollte sagen, dass der Herr fünftausend Menschen mit fünf Broten gespeist hat."

Zum Küster gewandt, fügt er hinzu: „Und diesmal kann das kein anderer auch!"

„Doch", gibt der Küster zurück, ohne die Fassung zu verlieren, „Sie vergessen die Reste vom letzten Sonntag!"

Die Raupe
Die Lehrerin fragt: „Wer weiß, was eine Raupe ist?"
Darauf Maria: „Ein gepolsterter Wurm!"

Ist das alles?
Ein Bäcker beichtet seine Sünden. Als er fertig ist, meint der Pfarrer: „Ist das alles? Mir ist da noch eine andere Sache zu Ohren gekommen …"
Der Bäcker zögert kurz, dann sagt er: „Ja, ich habe Sägemehl in den Kuchen gemischt. Aber ich habe ihn als Baumkuchen verkauft!"

Die Stimme im Kaufhaus
Aus dem Lautsprecher eines Warenhauses ertönt eine aufgeregte männliche Stimme:
„Der Besitzer der großen Bulldogge wird dringend gebeten, das Tier schnellstens in der Fleisch- und Wurstabteilung abzuholen!"

Dünn gemacht
Dass Jesus am Ostersonntagabend bei verschlossenen Türen plötzlich mitten unter den Aposteln stand, wird wiederholt.
Petra berichtet: „Da kam Jesus durch das Schlüsselloch und stand plötzlich mitten unter den Aposteln!"

Biblische Namen

Ins Geschäft „Autoteile Pilatus" tritt ein Kunde und sagt zum Verkäufer: „Bei Ihnen finde ich sicher alles, was ich für meinen Veteran brauche, wenn Sie so einen biblischen Namen haben."

„Ich habe keinen biblischen Namen!", verwahrt sich der Verkäufer.

„Na, aber draußen steht doch ‚Autoteile Pilatus' dran", beharrt der Kunde.

„Ach so, das ist aber der Name vom Eigentümer. Ich bin nur Verkäufer und heiße Barabas …"

Tierisches

Ein Hund läuft in der Wüste herum und sucht verzweifelt einen Baum.

„Wenn jetzt nicht bald einer kommt, geschieht ein Unglück!", winselt er schließlich verzweifelt.

„Wollen wir nicht zusammen eine Milchbar aufmachen? Du hast die Milch und ich die Hocker!", sagt das Kamel zur Kuh.

Zwei Fliegen gehen auf einer Glatze spazieren.
„Erinnerst du dich noch? Früher haben wir hier Verstecken gespielt!"

Keine Zeit verstreichen lassen

Ein Junge geht zum ersten Mal beichten. Er tritt in den Beichtstuhl ein und sagt kein Wort. Der Pfarrer führt das auf die Nervosität des Jungen zurück und möchte ihm Zeit lassen. Schließlich sagt der Junge: „Nun fangen Sie endlich an!"

Sehr liberal

Drei Juden unterhalten sich, wer wohl den liberalsten Rabbi hat.

„Unser Rabbi kummt am Schabbes mit dem Auto in die Synagoge gefohrn."

„Unser Rebbe isst am Versehnungstag vor versammelter Gemeinde ein Schinkenbreetchen!"

„Och", prahlt schließlich der dritte, „unser Rebbe hängt am Jom Kippur ein Schild an die Synagogentier: Haite wegen Feiertog geschlossen!"

Wenn das so ist

Ein Mann kommt in den Beichtstuhl und während der Begrüßung stiehlt er dem Pfarrer geschickt seine Armbanduhr. Dann beichtet er: „Ich habe jemandem die Uhr gestohlen!"

„Das ist sehr schlimm!"

„Was soll ich tun?"

„Gib sie wieder zurück!"

„Hier, bitte!"

„Nein, nicht mir, dem du sie gestohlen hast!"

„Und wenn er sie nicht will?"

„Tja, dann kannst du sie behalten!"

Führung im Himmel

Ein Engel Gottes führt den Neuankömmling im Himmel umher und zeigt ihm alles. Sie kommen zu einer Gruppe Menschen, die im Lotussitz auf dem Boden sitzen und „Om" sprechen.

„Das sind die friedliebenden Buddhisten", erklärt der Engel.

Sie gehen weiter und sehen eine Gruppe von Menschen, die auf wunderschönen Teppichen knien, sich vornüber verneigen und Allah preisen.

„Das sind die eifrigen Muslime", erklärt der Engel.

Dann kommen die beiden zu einer Gruppe, deren Kleidung ein wenig schäbig aussieht, aber die Menschen sind sehr lebendig, es wird gelacht und gelärmt, und Kinder laufen zwischen den Erwachsenen umher, die laut Jahwe preisen.

„Das sind die Juden", erklärt der Engel.

Weiter geht die Besichtigungstour, und der Engel zeigt dem Neuankömmling noch viele Menschengruppen der verschiedensten Religionen, die alle auf ihre Weise Gott preisen, und beantwortet geduldig alle Fragen.

Schließlich gelangen sie an eine hohe Mauer. „Pssst!", warnt der Engel und gebietet dem Neuankömmling zu schweigen.

Die beiden schleichen auf Zehenspitzen an der Mauer vorbei. Als die Mauer endlich außer Sichtweite ist, kann der Neuankömmling seine Neugier nicht mehr zurückhalten und fragt:

„Was befindet sich denn hinter dieser mysteriösen Mauer?"

Der Engel antwortet: „Dort sind die Christen. Die glauben nämlich, sie seien alleine hier."

Spannende Frage

Der Pfarrer greift in der Predigt das Gleichnis von den fünf klugen und den fünf törichten Jungfrauen auf.

Eine Frau in der letzten Reihe hat andächtig gelauscht, nur eine Frage will ihr nicht aus dem Kopf gehen. Deshalb meint sie zu ihrer Nachbarin: „Welche von den fünf klugen Jungfrauen hat denn nun eigentlich den Bräutigam gekriegt?"

Bingo

Ein Mann stirbt und wird auf der Perlenbrücke von einem Engel abgeholt. „Jetzt erzählen Sie mir mal Ihre guten Taten. Wenn Sie auf hundert Punkte kommen, kann ich Sie dann zum Himmel bringen."

Der Mann beginnt: „Über fünfzig Jahre mit der gleichen Frau verheiratet, nie untreu gewesen, auch nicht im Herzen."

„Gut", sagt der Engel, „zwei Punkte".

Der Mann stutzt und fährt dann fort: „Immer in die gleiche Kirche gegangen und nie über den Pfarrer gelästert."

„Ein Punkt."

Weiter dann: „Ich habe bei uns in der Stadt die Suppenküche initiiert und geleitet."

„Zwei Punkte."

Der Mann gerät ins Schwitzen und sagt: „Also mehr kann ich nicht aufzählen. Das lohnt ja alles nicht. Da kann mir nur noch die Gnade Gottes helfen."

„Bingo", sagt der Engel, „hundert Punkte voll!"

Und die Erwachsenen?

In der Kinderkatechese der Synagoge werden Schriftstellen gelesen, die von den großen Taten des Gottesvolkes berichten.

Am Ende der Stunde fragt der kleine Amos: „Herr Goldblum, eines kann ich nicht verstehen. Also in der Schrift heißt es doch, dass die Kinder Israels durch das Rote Meer zogen."

„Richtig."

„Und dass die Kinder Israels die Philister besiegt haben."

„Ja."

„Und dass die Kinder Israels den Tempel gebaut haben."

„Auch das stimmt."

„Und die Kinder Israels kämpften gegen die Ägypter und gegen die Römer, und die Kinder Israels machten immer etwas Wichtiges, richtig?"

„Alles, was du aufgezählt hast, ist richtig", sagt Herr Goldblum, „aber was ist nun deine Frage?"

„Nun", antwortet Amos, „wenn das alles die Kinder Israels vollbracht haben, was haben dann eigentlich die Erwachsenen gemacht?"

Tierisch gut

Fragt die eine Schlange die andere: „Bin ich eigentlich giftig?"
„Weiß ich nicht. Warum?"
„Ich habe mir gerade auf die Zunge gebissen!"

„Kannst du mir mal deinen Kamm leihen?", fragt ein Fisch den anderen.
„Nein, du hast zu viele Schuppen!", antwortet der andere.

„Wo ist eigentlich deine Frau?", fragt der Tausendfüßler seinen Freund. „Ich habe sie seit Tagen nicht mehr gesehen."
„Schuhe kaufen", seufzt der andere.

Heilung

Der Pfarrer predigt mit großer Inbrunst über die Kraft des Gebetes und die daraus zu erhoffenden Heilungen. Er schließt einen langen Krankensegen an, da, plötzlich springt eine Frau aus der vorletzten Reihe auf und ruft: „Jetzt kann ich wieder laufen!"
Alle blicken sich erstaunt und erwartungsvoll um, auch der Pfarrer ist ganz gerührt über die Wirkung seines Gebetes.
Doch dann setzt die Frau erregt hinzu: „Ja, Herr Pfarrer, Sie haben wieder so lange gemacht, dass mein Bus weg ist, jetzt kann ich wieder laufen!"

Kein Risiko

Ein Mann, der sich einen Jesusfilm angeschaut hat, ist so begeistert, dass er mit der ganzen Familie nach Israel reist, um die Orte zu besuchen, wo Jesus gelebt hat. Während des Aufenthaltes im Heiligen Land stirbt die Schwiegermutter. Der Bestatter in Tel Aviv erklärt ihm, sie könnten den Leichnam für 10 000 Euro in die Heimat überführen lassen oder aber die Schwiegermutter für 500 Euro in Tel Aviv bestatten.

Der Mann überlegt nicht lang und erklärt: „Sie wird überführt!"

Der Bestatter fragt: „Sind Sie sicher? Das ist ein verdammt hoher Preis, und wir würden hier auch eine würdevolle Trauerfeier abhalten."

Darauf der Mann: „Hören Sie, vor 2 000 Jahren wurde hier ein Mann beerdigt, der nach drei Tagen wieder auferstand, das Risiko möchte ich nicht eingehen!"

Wirtschaftlicher Ruin

Ein englischer Bischof erzählt: „Einmal habe ich ein Paar aus der Mittelschicht vermählt. Nach der Zeremonie fragte mich der Bräutigam: ‚Was bin ich Ihnen schuldig?'

‚Da gibt es keine Preisliste', antwortete ich. ‚Geben Sie so viel, wie Ihnen die Hochzeit wert ist.'

‚Liebling', wandte sich der Bräutigam an seine Braut, ‚soeben hast du mich wirtschaftlich ruiniert.'"

Gut vorbereitet

Zwei junge Leute melden sich beim Pfarrer: „Wir möchten gern heiraten."

„Da müssen Sie aber vorbereitet sein", sagt der Pfarrer.

„Aber das sind wir doch!", antwortet das Paar etwas entrüstet. „Wir haben einen Kasten Sekt, zehn Liter Schnaps und ein Fass Wein."

Schreck fürs Leben

Zwei Lausbuben sehen ein junges Brautpaar aus der Kirche kommen. Meint der eine: „Die werde ich mal richtig erschrecken!"

Er läuft auf das Brautpaar zu und ruft: „Mutti, Mutti, kaufst du mir jetzt ein Eis?"

Himmelspforte

Es klopft an der Himmelstür. Petrus öffnet, sieht aber niemanden. Erst als er nach unten schaut, entdeckt er ein Ein-Cent-Stück. „Oh, komm doch rein, herzlich willkommen im Himmel!"

Nach einiger Zeit klopft es erneut. Ein Zwei-Cent-Stück. „Komm rein! Nur herein!", ruft der hl. Petrus.

Erneutes Klopfen, ein Fünf-Cent-Stück. „Herein! Herein!" Es klopft wieder und wieder, ein Zehn-, ein Zwanzig-, ein Fünfzig-Cent-Stück, ein Euro! „Kommt nur herein, bitte, kommt!", ruft der hl. Petrus freudig aus.

Da klopft es und ein 10-Euro-Schein steht vor der Tür. „Oh, nein, du nicht! Dich hab ich nie in der Kirche gesehen!"

Wiederbelebung

Klopft ein Mann ans Himmelstor. Petrus öffnet, aber bevor er etwas fragen kann, ist der Mann verschwunden. Petrus schließt das Tor wieder und da klopft es schon wieder. Petrus öffnet, sieht den Mann, doch kann er wiederum nichts fragen, denn sofort ist der Mann wieder weg. Doch nach kurzer Zeit erscheint der Mann schon wieder.
„Was soll das bedeuten?", fragt Petrus etwas verständnislos.
„Die versuchen, mich wiederzubeleben …"

Tierisch witzig

„Alle meine Eier sind Klasse A. Deine Eier sind nur Klasse B!", prahlt das Huhn.
Da sagt das andere Huhn: „Glaubst du vielleicht, ich verrenke mir wegen der drei Cent meinen Hintern?"

„Sieh mal. 30 Grad unter Null, allmählich wird's Frühling", sagt der Pinguin in der Antarktis zu seiner Frau.

„Jetzt bin ich schon 18 Jahre alt, aber alle sagen Kakadu zu mir und nicht Kakasie", jammert der Kakadu.

Es schluchzt das Glühwürmchen: „Mama, Papa hat gesagt, dass ich nie eine große Leuchte werde!"

Gute Tat

„Tut mir leid", sagt Petrus zu dem Enddreißiger, „du musst schon eine gute Tat vorweisen, sonst kann ich dich hier leider nicht reinlassen." Nach kurzem Überlegen sagt der Mann: „Ich habe beobachtet, wie eine Gruppe Rocker einer alten Dame die Einkaufstasche wegnehmen wollte. Da bin ich hingegangen, hab das Motorrad des Anführers umgestoßen, ihm ins Gesicht gespuckt und seine Braut beleidigt." Petrus schaut in sein dickes Buch: „Hmmm, davon kann ich hier nichts finden, wann war das?"

„Vor etwa zwei Minuten."

Vertauscht

Des Pfarrers Haushälterin will am Sonntag noch vor dem Gang zur heiligen Messe das Mittagessen vorbereiten, Sauerkraut mit Eisbein. Schon im Mantel, hebt sie noch einmal den Deckel vom Kochtopf und dann geht sie los.

Als sie die Kirche erreicht, spielt man schon die erste Strophe vom Eingangslied. Sie erreicht ihren Stammplatz und greift in ihre Handtasche nach dem Gesangbuch. Doch statt des Gesangbuches hält sie das Eisbein in der Hand. „Donnerwetter!", entfährt es ihr. „Da hab ich sicher das Gesangbuch ins Sauerkraut geworfen!"

Lustiges von den Tieren

Zwei Eisbären gehen in der Sahara spazieren.
„Hier muss es aber glatt sein!"
„Warum?"
„Siehst du nicht, wie sie hier gestreut haben?"

Ein Mann verkaufte seine Dogge. Einige Tage später rief der neue Inhaber an:
„Ich hab vergessen zu fragen, ob die Dogge Kinder mag."
„Ja, sehr sogar, aber ich würde Ihnen empfehlen, Hunde-futter zu kaufen, das ist billiger!"

Steht ein Schwein vor einer Steckdose und wundert sich:
„Na, Kumpel, wer hat dich denn so eingemauert?"

Loblied

Im Religionsunterricht sollen die Schüler das Lied „Lobe den Herren" als Hausaufgabe in ihr Heft schreiben.
Bei der Hausaufgabenkontrolle entdeckt der Lehrer bei einem Schüler folgenden Text: „Lobe den Herren, den mächtigen König der Ehren, lob ihn, o Seele, vereint mit den himmlischen Gören!"

Wunsch frei

Ein Paar feiert goldene Hochzeit in der Kirche. Da erscheint ihnen ein Engel:

„Ihr habt so gut zusammengelebt. Ihr könnt euch was wünschen."

„Ich möchte gern ein neues Kleid."

Der Engel nickt, und schon trägt die Frau ein herrliches Kleid.

„Und du?", fragt er den Mann.

„Ich möchte gern, dass meine Frau 20 Jahre jünger ist als ich."

Der Engel nickt, und schon ist der Mann 95.

Not macht erfinderisch

Der Bischof ist zur Visitation in einer Pfarrei. Eine junge Dame öffnet ihm die Tür zum Pfarrhaus. In der Küche bereitet eine zweite hübsche junge Frau den Kaffee vor.

„Ja, Herr Pfarrer, auf ein Wort!" Der Pfarrer erklärt dem Bischof im Nebenzimmer:

„Sehen Sie, Exzellenz, Sie wollten doch, dass ich mir eine Haushälterin im kanonischen Alter suche, also älter als vierzig. Aber da hab ich keine gefunden. Nun, da hab ich zwei mit 21 eingestellt."

Logisch

In der Kirchengeschichte wird die Frage gestellt, warum der heilige Bonifatius so gerne immer wieder nach Fulda gekommen sei.

Fast vorwurfsvoll antwortet Monika: „Weil doch seine Gebeine dort liegen!"

Letzter Sprung

Franz war Fallschirmspringer. Als er zum letzten Mal sprang, öffnete sich der Schirm nicht, auch nicht der Notfallschirm. „Heiliger Franziskus, hilf mir!" Und tatsächlich kam vom Himmel her eine Hand, die ihn im Fall ergriff, und er schwebte langsam wieder nach oben.

Da hörte er eine Stimme vom Himmel: „Welchen heiligen Franziskus hast du gerufen?"

„Den von Assisi!"

„Der bin ich leider nicht …"

Und die Hand ließ den Franz wieder los.

Guter Rat

Ein Radfahrer versucht vergeblich, sein Fahrradschloss aufzuschließen.

„Beten Sie doch zum heiligen Petrus, der hat einen Schlüssel in der Hand, der könnte Ihnen helfen!", rät ihm ein altes Mütterchen.

„Ich sollte wohl lieber zum heiligen Paulus beten, denn das hier kann man nur noch mit einem scharfen Schwert öffnen!", antwortet der verzweifelte Radler.

Nicht aufschlussreich

Der Kaplan stellt für die nächste Religionsstunde die Aufgabe, einmal zu überlegen, wer wohl der größte Heilige im Himmel sei.

Als Felix beim nächsten Mal danach gefragt wird, meint er:

„Ich habe zu Hause die ganze Heiligenlegende durchgeblättert. Aber über die Maße und Gewichte der Heiligen stand überhaupt nichts drin."

Das erste Auto

„Das erste Auto, das es auf der Welt gab, muss ein Ford gewesen sein", erklärt Malte dem staunenden Pfarrer. „Ich habe in der Bibel eine Stelle gefunden, wo es von den ersten Menschen heißt: ‚Sie sündigten in einem fort …'"

Schlagfertig

Suse hat eine Wallfahrt mitgemacht und befindet sich auf dem Heimweg. Im Zug hänseln sie zwei Halbstarke:

„Na, das kleine Fräulein war wallfahrten? Und hat wohl die Muttergottes selbst gesehen? Oder gar die ganze Heilige Familie zusammen? Und Ochs und Esel waren wohl auch dabei?"

„Nein, nein!", widerspricht Suse. „Ochs und Esel sehe ich eben jetzt erst!"

Wieso?

Beim Zoobesuch der Erstkommunikanten sagt der Pfarrer zu Niklas: „Mein Junge, geh bitte sofort ein Stück von den Löwen weg!"

Meint der Junge treuherzig: „Wieso, Herr Pfarrer, ich tue ihnen doch gar nichts!"

Kennst du den?

Im Kloster wird gebaut. In der Küche bleibt jede Menge Suppe übrig. Die Oberin schickt die Küchenschwester mit der Suppe zur Baustelle, um sie an die Arbeiter zu verteilen.

Überlegt die Schwester: „Bevor ich den Arbeitern die Suppe gebe, möchte ich doch wissen, wie es um ihren Glauben steht."

Als Erstes trifft sie den Polier. Sie fragt ihn: „Kennen Sie Pontius Pilatus?"

Der Polier schreit nach oben: „Kennt einer den Pontius Pilatus?"

„Warum?", tönt es zurück.

„Seine Alte ist da und bringt ihm das Essen!"

Immer wieder diese Tiere!

Eine Eintagsfliege fliegt durch den Wald und weicht einem Spinnennetz aus.
„Na und?", ruft die Spinne. „Dann erwische ich dich eben morgen!"
Da lacht die Eintagsfliege: „Wetten nicht?"

Es seufzte das Igelmännchen: „Ich lasse mich scheiden!"
„Aber warum denn?"
„Ich kann die ständigen Sticheleien meiner Frau nicht mehr ertragen!"

Jetzt reicht's
Unter den Erstkommunikanten ist im Gemeindesaal ein heftiger Streit ausgebrochen.
„Du bist ein großes Kamel!", faucht Georg.
„Und du bist ein noch viel größeres Kamel!", gibt Franziska postwendend zurück.
„Jetzt reicht's mir aber", mischt sich der Pfarrer ein. „Ihr habt wohl ganz vergessen, dass ich auch noch im Raum bin!"

Üben, üben
Erstkommunikant Sebastian fragt den Polizisten: „Können Sie mir sagen, wie ich zu den Wiener Sängerknaben komme?"
Der hat eine klare Antwort parat: „Lieber Freund! Üben, üben und nochmals üben!"

Krankensalbung

Ein Krankenhausseelsorger wird zu einer schwer kranken Dame gerufen. Sie reden eine Weile und am Ende meint der Seelsorger:

„Gute Frau, ich denke, es wäre gut, wenn ich Ihnen die Krankensalbung spende."

„Ach nein, guter Herr", entgegnet ihm die Frau, „Sie brauchen mir nichts schenken. Ich habe schon so viele Salben probiert, die haben alle nix geholfen."

Donnerwetter!

Peter prahlt in der Erstkommunionrunde: „Ich bin Tennisspieler, Snowboarder, Schwimmer, Ruderer, Fußballer und Radrennfahrer!"

„Donnerwetter", erwidert ihm Hanna. „Hast du schon mal ein Gruppenbild von dir machen lassen?"

Ziemlich leise

Der Pfarrer spricht ziemlich leise zu den Erstkommunikanten. Von hinten ruft jemand: „Ich versteh kein Wort!"

In der ersten Reihe erhebt sich einer und meint: „Ich verstehe alles und tausche gern den Platz mit dir!"

Wild getanzt

„Wie ich höre", sagt der Pfarrer zu Bruno, „wurde auf der Erstkommunionfeier in eurem Garten ganz wild getanzt."

„Ja, das stimmt", erwiderte der Junge. „Jemand hatte den Bienenstock meines Vaters umgestoßen!"

Die Sorgen eines Pfarrers
„Ich habe immer betont, dass die Armen in der Kirche gerne gesehen sind. Wie ich aus der Kollekte sehe, sind sie alle gekommen."

Lässlich
„Weißt du, was man unter einer ‚lässlichen Sünde' versteht?", fragt der Herr Kaplan Mara in der Beichtklasse.
„Das ist eine solche, die man auch lassen könnte", weiß das Mädchen.

So kann man's nennen
Vor der Kirchentür finden die Schüler einen Betrunkenen.
„Fehlt dem Mann etwas?", fragt der Pfarrer besorgt, als er dazukommt.
„Nein, im Gegenteil", erklärt Hugo, „der hat zu viel!"

Von Beruf Fakir
„Georg, was ist denn dein Vater von Beruf?", will der Pfarrer von seinem Erstkommunikanten wissen.
„So ganz genau weiß ich das nicht, Herr Pfarrer. Aber ich glaube, er ist Fakir, ein Zauberkünstler. Meine Mutter sagt nämlich hin und wieder: ‚Na, der kann sich auch lebendig begraben lassen!'"

Letzte Ölung

Der Geschäftsführer eines großen Supermarktes bittet den katholischen Pfarrer bei der Eröffnung des Marktes, diesen gegen einen kleinen Obolus zu weihen. Der Pfarrer tut das.

Am Ende kommt ein Mann zu ihm und fragt: „Hätten Sie noch etwas Zeit?"

„Warum, haben Sie auch ein Geschäft?"

„Ja, den kleinen Gemüseladen nebenan."

„Und der soll wohl auch eingeweiht werden?"

„Nein, ich dachte eher an die Letzte Ölung."

Schwarz-weiß

Die Erstkommunikanten besichtigen die Orgelempore.

„Wer weiß, warum es auf dem Manual schwarze und weiße Tasten gibt?", fragt der Pfarrer.

„Die weißen sind für die Hochzeiten, die schwarzen für die Beerdigungen!", vermutet Jerry.

Schönen Gruß

Justus kommt wieder mal zu spät zum Erstkommunionunterricht in den Gemeindesaal.

„Kannst du nicht wenigstens grüßen, wenn du ins Zimmer kommst?", fragt ihn der Pfarrer.

„Ja, gerne", erklärt Justus, „aber ich weiß nicht, von wem!"

In friedvoller Eintracht

Im Weihnachtsgottesdienst betrachtet der Pfarrer mit den Kindern die im Altarraum aufgebaute Krippe.

„Seht ihr", sagt er zu den Kindern, „wie friedlich das Jesuskind in der Krippe lächelt, wie glücklich Maria, Josef und die Hirten ausschauen und wie ruhig Ochs, Esel und Schafe beieinanderstehen? Warum ist das wohl so, dass sich alle in der Krippe so schön und friedvoll miteinander vertragen?"

Erstkommunikantin Sabine weiß darauf eine Antwort: „Kein Wunder! Alle Menschen und Tiere sind ja auch aus Holz geschnitzt!"

Faule Ausreden

Am Mittwochabend war Sitzung des Kirchengemeinderates. Da erschienen aber nur der Vorsitzende, sein Stellvertreter und der Pfarrer. Herr Meier hatte sich wegen seines geschwollenen Fußes abgemeldet, Herr Huber musste zu einer dringenden Besprechung, Frau Müller hatte sich stark erkältet, Herr Keller musste unbedingt zum Arzt.

Da sagte der Pfarrer zum Vorsitzenden und seinem Stellvertreter: „Kommen Sie mit zu mir! Wir sehen uns auch das Länderspiel an!"

Was ist das?

Ein Geistlicher fährt ein Verkehrsschild um und setzt seinen Weg fort. – Eindeutig Pfarrerflucht!

Einfach tierisch

Zwei Frösche treffen sich. Einer von ihnen ist über und über mit Heftpflaster und Bandagen bedeckt.
„Was ist denn passiert?", fragt der andere erschrocken.
„Ich hab aus Versehen einen Knallfrosch geküsst!", stöhnt da der andere.

Zwei Hunde treffen sich. „Wau, wau", sagt der eine.
„Mäh!", erwidert der andere.
„Nanu", fragt der erste, „was heißt denn das?"
„Fremdsprachen gelernt!"

Das Mottenkind darf zum ersten Mal den Schrank verlassen.
Fragt die Mutter nach seiner Rückkehr: „Na, wie war es denn in der Wohnung?"
„Toll, Mutti! Jeder, der mich sah, klatschte in die Hände!"

Guten Appetit!

Der Pfarrer ist bei der Familie seines Erstkommunikanten Christian zum Mittagessen eingeladen. Das Pilzgericht schmeckt ihm vorzüglich und er fragt die Hausfrau: „Woher haben sie denn das leckere Rezept?"
Darauf erhält er die überraschende Antwort: „Das steht in einem Roman der englischen Schriftstellerin Agatha Christie."

Familienzwist

Josef von Arimathäa sitzt zu Hause, als seine Frau kommt. „Was ist denn mit dir?", fragt sie. Er druckst herum.

„Na, sag schon, ich seh's dir doch an!"

„Na ja, wir brauchen doch Geld ..."

„Ja, und?"

„Na, ich hab unser Familiengrab vermietet."

„Du hast was? Du ..."

„Ja, aber wir brauchen doch das Geld!"

„Aber das Familiengrab, wie konntest du nur!"

„Schatz, jetzt beruhige dich, es ist doch nur für drei Tage!"

Guter Tipp

Die Kommunionkinder sind vom Pfarrer zur Beichte eingeladen. Michael hat seinen Beichtzettel vergessen und druckst herum.

Der Pfarrer will ihm helfen und sagt: „Überleg mal, wie es bei dir mit dem täglichen Gebet aussieht! Hast du es manchmal oder öfters vergessen? Oder hast du mal versucht, mit dem Messer durch den Schlitz des Sparschweins von deiner großen Schwester den einen oder anderen Euro herauszufummeln?"

„Nein, das nicht", sagt Michael, „aber ich danke Ihnen für den guten Tipp!"

Genaues Indiz

Ein Pfarrer fährt ausnahmsweise mit dem Zug. Er geht in den Speisewagen, isst und trinkt dort etwas, doch als er zurückgeht, findet er sein Abteil nicht mehr. So wendet er sich an den Zugführer, um sich helfen zu lassen.

„Erinnern Sie sich nicht an Ihre Abteilnummer?"

„Nein, aber ich weiß noch, dass man aus dem Fenster genau auf so einen großen Steinbruch blicken konnte."

Leider verstorben

Der Herr Dekan kommt zur Visite nach Krumpholz. Die Kirche ist verschlossen und kein Pfarrer in Sicht. Am Friedhof an der Kirche findet er ein altes Mütterlein. Er fragt sie, warum die Kirche geschlossen sei.

Sie antwortet ihm: „Wegen eines Todesfalls."

Erschrocken fragt der Dekan: „Ihr Pfarrer Meier ist gestorben?"

„Der nicht, aber der letzte Werktagsgottesdienstbesucher."

Wo der liebe Gott wohnt

Kai möchte wissen, wo der liebe Gott ist. Der Vater will ihm das eindrücklich erklären und sagt: „Der liebe Gott ist nicht irgendwo, fern im Himmel da oben, den du siehst. Er ist ganz in deinem Herzen."

Am anderen Morgen muss der vierjährige Kai rülpsen. Ganz erstaunt und mit Freude ruft er dem Vater beim Frühstück zu: „Papi, hast du den lieben Gott gehört?"

Versalzenes Meer

Angelika badet zum ersten Mal in der Ostsee. Danach beschwert sie sich bei ihrem großen Bruder: „Das Meer hier ist völlig versalzen!"

Da grinst der Bruder und meint: „Vielleicht ist der liebe Gott verliebt gewesen, als er das Meer geschaffen hat!"

Gewissen

In einer Kirche ist der Opferstock aufgebrochen worden. Ein paar Tage später erhält der Pfarrer einen Briefumschlag mit einem Zwanzigeuroschein. Auf einem beiliegenden Zettel steht:

„Ich habe in Ihrer Kirche 100 Euro gestohlen. Da mich das Gewissen plagt, sende ich Ihnen hiermit 20 Euro zurück. Sollte mich das Gewissen weiterplagen, haben Sie mit weiteren Rückzahlungen zu rechnen."

Beim Gewitter beten?

Es war früher in gläubigen Familien üblich, dass man bei einem Gewitter betete. Als dann eines Tages auf dem Haus ein Blitzableiter angebracht wurde, meinte der sechsjährige Jonas: „Gelt, Mama, von jetzt an brauchen wir bei einem Gewitter doch nicht mehr zu beten?"

Der erste Schnee

Es ist Anfang November. Zum ersten Mal fallen Schnee-flocken vom Himmel.

Rebekka, sechs Jahre alt, schaut mit großen Augen zum Himmel und fragt: „Mutti, bleibt der Schnee liegen?"

Die Mutter: „Nein, noch nicht!"

Darauf die Kleine: „Dann war das erst eine Probe vom lie-ben Gott!"

Wegen des Glaubens

„Warum sind Sie eigentlich hier?", fragte der Gefängnis-pfarrer den Häftling.

„Wegen meines Glaubens!"

„Nein, das ist nicht möglich!"

„Doch, das ist wahr! Ich habe geglaubt, dass die Alarm-anlage kaputt ist."

Lieder für den lieben Gott

Cornelia, sechs Jahre alt, fragt beim Mittagstisch: „Mutti, muss man im Himmel auch in die Schule?"

„Nein, das braucht man nicht", antwortet diese.

Darauf meint der siebenjährige Bruder: „Aber in die Mu-sikstunde muss man und für den lieben Gott Lieder ler-nen!"

Der Schöpfer

Lisa darf mit dem Vater in den Zirkus. Besonders die brüllenden und fauchenden Löwen machen einen großen Eindruck.

„Hat denn die Löwen auch der liebe Gott gemacht?", fragt sie den Vater.

„Aber natürlich", gibt der Vater Auskunft.

„Aber hat er dabei denn keine Angst gekriegt?", will Lisa nun noch wissen.

Kreuzigung

Der Vorarbeiter weist seinen Holzfällertrupp ein:

„Wie ihr wisst, wird der Papst, der hier gerade seinen Urlaub verbringt, morgen einen Besuch bei uns machen. Wie ich gehört habe, wird der Papst euch dabei zwei Fragen stellen, um euren Glauben zu prüfen. Die erste Frage lautet: Wie heißt die Mutter von Jesus? Darauf müsst ihr antworten: Maria. Seine zweite Frage wird sein: Wie heißt der Ziehvater von Jesus? Darauf antwortet ihr: Josef. Und damit ihr die Antworten nicht vergesst, schreibt sie euch auf eure Sägeblätter!"

Am nächsten Tag kommt der Papst und fragt wie erwartet die Holzfäller: „Wie heißt die Mutter von Jesus?"

Die Holzfäller antworten: „Maria."

Der Papst nickt zustimmend und fragt weiter: „Und wie heißt der Ziehvater von Jesus?"

Darauf die Holzfäller: „Josef."

Der Papst nickt zufrieden und stellt wider Erwarten noch eine dritte Frage: „Wie heißen die beiden Verbrecher, die zusammen mit Jesus gekreuzigt wurden?"

Ratlosigkeit macht sich auf den Gesichtern der Holzfäller breit. Da fällt der Blick eines Holzfällers auf sein Sägeblatt. Sofort hellt sich seine Miene auf und er verkündet: „Black & Decker!"

Einfach tierisch

„Brr", schüttelt sich ein Vogel auf dem Telegrafendraht.
„Frierst du?"
„Nein, mich hat nur eben ein Telegramm gekitzelt."

Zwei Flöhe wollen nach Hause.
„Gehen wir zu Fuß oder nehmen wir uns einen Hund?",
fragt der eine.

Logik

Ein Dekan machte seine Schulinspektion. In einer Klasse stellte er die Frage nach den Eigenschaften Gottes. Prompt kamen die Antworten: „Gott ist höchst heilig, Gott ist allmächtig, Gott ist allwissend usw."
Nach dieser letzten Eigenschaft „allwissend" schüttelte ein Schüler ständig den Kopf, was den Dekan verwundert fragen ließ, warum er denn ständig den Kopf schüttle.
„Weil ich nicht glauben kann, dass Gott allwissend ist, sonst hätte Gott nach dem Sündenfall nicht fragen müssen: ‚Adam, wo bist du?' Sondern da hätte Gott schon gesagt: ‚Adam, du Schlimmer, geh raus aus dem Paradies!'"

81

Sicher katholisch

„Mein Hund ist gestorben. Könnte er nicht auf unserem Friedhof begraben werden?", fragte ein Mann den Pfarrer.

„Das ist ausgeschlossen!", lehnte der Pfarrer ab.

„Aber ich würde zweieinhalbtausend Euro für unsere Kirche spenden", ließ sich der Mann vernehmen.

„Zweieinhalbtausend, sagen Sie", überlegte der Pfarrer. „Und was für eine Rasse war das?"

„Das war ein Gonczy Polski", erwiderte der Mann.

„Na, wenn das ein Pole war, dann war der auch sicher katholisch und dann ginge das natürlich ..."

Irgendwas aus der Küche

Beim Essen betrachtet der kleine Georg seinen Löffel und sagt dann: „Mutti, sieht der liebe Gott tatsächlich so aus?"

Die Mutter ist verwundert über diese Frage und antwortet: „Natürlich nicht! Aber wie kommst du denn darauf?"

Georg: „Oma hat mir das gesagt."

Dann zieht der Junge ab. Nach einer Weile kommt er wieder und meint ganz beiläufig:

„Ich habe noch einmal mit Oma gesprochen wegen dem lieben Gott. Also, ein Löffel ist er nicht, aber ein Schöpfer!"

Auf dem Friedhof

Zwei Männer gehen an einem sonnigen Tag auf den Friedhof und setzen sich auf eine Bank. Plötzlich hören sie hinter sich ein Geräusch: „Tok, tok, tok … tok, tok, tok …" Sie werden kreidebleich.

Doch der eine fasst sich ein Herz, springt hinter die Hecke und … sieht einen alten Mann am Grabstein pickern.

„Ach so, und ich dachte …"

„Die haben meinen Namen falsch geschrieben, tok, tok, tok, die haben meinen Namen falsch geschrieben …"

Ohne Verfallsdatum

„Wer kann mir sagen, was es bedeutet, dass Gott ewig ist?", fragt der Pfarrer die Mädchen und Jungen seiner Ministrantengruppe.

Ansgar weiß da eine Antwort: „Gott hat kein Verfallsdatum und ist lange haltbar!"

Noch mehr Fehler?

Im Naturkundeunterricht erklärt der Lehrer, dass der magnetische Nordpol sich nicht genau am obersten Mittelpunkt der Erdkugel befindet, sondern einige Grad weiter westlich.

„Hat der liebe Gott noch mehr solche Fehler gemacht?", interessiert sich Tim.

Bedenklich

Der Hund hat den Pfarrer gebissen. Große Aufregung im Haus.

„Ich möchte bloß wissen, was die Hunde gegen Pfarrer haben!", schüttelt der Vater den Kopf.

„Vielleicht ärgern sie sich, dass sie nicht mit in die Kirche dürfen!", gibt die kleine Martina zu bedenken.

Begabt

Der Pfarrer setzt sich immer gern ans Klavier, wenn er Gäste hat. Flüstert ein Gast seinem Nachbarn zu: „Er sollte im Rundfunk spielen."

„Finden Sie denn das wirklich so toll, wie er spielt?"

„Nein, das nicht, aber dann könnte man die Musik wenigstens abstellen!"

Nimm zwei!

Oma: „Bist du dir im Klaren, dass der liebe Gott anwesend war, als du den Keks in der Küche geklaut hast?"

Enkel: „Ja."

Oma: „Und dass er dich die ganze Zeit über angeschaut hat?"

Enkel: „Ja."

Oma: „Und was, meinst du, hat er zu dir gesagt?"

Enkel: „Er hat gesagt: Niemand ist hier außer uns beiden – nimm zwei!"

Gemeinsames Frühstück

„Ich frühstücke jeden Tag mit meinem Kanarienvogel", erzählt Erik seinem Freund.

„Und was esst ihr?"

„Erst der Vogel ein Körnchen, dann ich ein Körnchen, dann er wieder ein Körnchen, dann ich ein Körnchen – bis wir schließlich beide zu singen anfangen!"

Genau genommen

Der Pfarrer predigt bei einer Beerdigung: „Unser teurer Verstorbener hinterließ eine dreißigjährige Witwe …"

Da unterbricht die Witwe und korrigiert: „Achtundzwanzigjährige … achtundzwanzigjährige …"

Am Morgen

„Treibst du Sport?", fragt Ministrant Klaus.

„Ja, klar", sagt sein Freund. „Ich spiele Tennis, Fußball, gehe zum Basketball und bin im Ballett."

„Und wann machst du das alles?"

„Ich fange morgen damit an!"

Ruhestand?

Ein Bischof visitierte eine weit abgelegene Pfarrei, in der ein alter Pfarrer seinen Dienst tat. Am Schluss seiner Visitation fragte der Bischof den Pfarrer:

„Ich habe den Eindruck, dass Sie sich mit der Arbeit sehr verausgaben, lieber Mitbruder. Möchten Sie nicht in den wohlverdienten Ruhestand gehen? Wie alt sind Sie eigentlich?"

„Fünf Jahre jünger als Sie, Eminenz!"

Wie war's?

„Nun, wie war das Zeltlager mit den Ministranten?", fragt Tim seinen Freund.

„Fürchterlich! Es hat die ganze Zeit geregnet!", erwidert ihm Jan.

„Aber du bist doch so toll braun geworden!"

„Das ist keine Bräune, das ist Rost!"

Ein Kind ist uns geboren

Ein Pfarrer fuhr genau zur Adventszeit zur Kur. So blieb der Küster mit den Weihnachtsvorbereitungen allein. Als er sich keinen Rat wusste, wie er die Krippe aufbauen sollte, schickte er dem Pfarrer seine Fragen.

„Was für eine Aufschrift soll an die Krippe und wie groß soll der Unterbau sein?" Nicht lange danach erhielt der Küster vom Pfarrer ein Telegramm: „Ein Kind ist uns geboren; 3 m lang und 1,5 m breit."

So spät noch?

Katja und Gina kommen viel zu spät von der Disco zurück. „Meine Mutter kocht bestimmt schon", meint Katja.

„Hast du es gut", erwidert Gina, „ich bekomme so spät nie etwas zu essen!"

Berufung

Ein Mädchen aus gut katholischem Haus hat einen Freund, der nur einen Fehler hat: Er ist evangelisch. Eines Tages nimmt die Mutter ihre Tochter beiseite: „Hör mal, dein Freund ist wirklich ein netter Mann, aber wenn er dich heiraten will, dann muss er katholisch werden. Wenn ihr zusammen spazieren geht, musst du ihm viel von unserer Kirche erzählen, vom Papst, den Bischöfen, den vielen Heiligen und Märtyrern und von dem schönen Gottesdienst." Die Tochter verspricht das.

Dann kommt sie eines Abends tränenüberströmt nach Hause. „Was ist los?", fragt die Mutter. „Hat es nicht geklappt? Er will wohl nicht katholisch werden?"

„Im Gegenteil! Viel schlimmer: Jetzt will er Priester werden!"

Nicht immer

„Bist du auch immer recht brav?", fragt die Tante ihre kleine Nichte Sonja.

„Oh, ja – das heißt, nicht immer. Weißt du, Tante, man darf seine Eltern nicht zu sehr verwöhnen!"

Prahlerei

Drei Kinder aus der vierten Klasse prahlen mit ihrem Onkel.

Hannes: „Mein Onkel ist Bankdirektor. Wenn der eine Stunde im Sessel sitzt, hat er schon 150 Euro verdient."

Markus: „Mein Onkel, der ist Rechtsanwalt. Wenn der eine halbe Stunde mit Leuten gesprochen hat, hat er schon 250 Euro verdient."

Roman: „Das ist noch gar nichts. Mein Onkel ist Pfarrer. Wenn der einmal in der Woche zehn Minuten zu den Leuten spricht, dann braucht er vier Mann, um das Geld einzusammeln!"

Schwer zu glauben

Ein Priester predigte seiner Gemeinde über die wunderbare Brotvermehrung. Bei der Zahl der Menschen unterlief ihm allerdings ein Fehler: statt von fünftausend Menschen sprach er immer von fünfhundert.

Als der Küster ihn in der Sakristei vorsichtig darauf aufmerksam machte, widersprach der Priester: „Ach was, die glauben ja nicht mal an die fünfhundert."

Eine Frage

„Tante Bärbel, darf ich dich etwas fragen?"

„Frag nur, mein Junge!"

„Wirst du auch bestimmt nicht böse, Tante?"

„Auf keinen Fall, mein Junge!"

„Tante Bärbel, gehörst du wirklich zum schönen Geschlecht?"

Der Erste

Der Pfarrer ist zu Besuch und erkundigt sich bei den Kindern nach ihren Leistungen in der Schule.
„Ich bin der Erste in Englisch", meint Klaus.
„Und ich bin der Erste in Mathe", sagt Tobias.
„Und ich", fügt Timo hinzu, „bin der Erste, der draußen ist, wenn es klingelt!"

Rechenkünste

Die Tante prüft Klein Ottos Rechenkünste: „Wenn ich hier vier Birnen habe und ich lege noch drei dazu, wie viel habe ich dann?"
„Das weiß ich nicht", erwidert der Kleine. „Ich kann das nur mit Äpfeln."

Schwere Buße

Ein Mann kommt zur Beichte. Am Ende fragt ihn der Pfarrer, was er denn eigentlich beruflich mache.
„Ich bin Artist in einem Zirkus."
„Was?! Ach, würden Sie so nett sein und mir mal ein Kunststück vorführen?"
„Aber gerne doch!"
Der Akrobat tritt aus dem Beichtstuhl und macht einen Salto vorwärts und gleich wieder zurück. Der Pfarrer winkt aus dem Beichtstuhl und schlägt den Vorhang wieder zurück.
Da betritt ein altes Mütterlein zitternd den Beichtstuhl.
„Was haben Sie denn, gute Frau, Sie zittern ja so?!"
„Ach, bitt schön, Herr Pfarrer, geben Sie mir nicht eine so schwere Buße auf wie dem Herrn da eben!!!"

Berechtigte Angst

Weil Klein Gustav einmal gebissen wurde, hat er große Angst vor Hunden. Auch an der Hand der Tante will er auf der Straße an einem kleinen Pudel nicht vorbei.

„Na, komm schon", sagt die Tante, „ich habe doch auch keine Angst."

Mault der Kleine: „Du bist ja auch nicht so weit unten wie ich!"

Gespräch mit dem Vater

„Was wird aus einer Orange, wenn sie überfahren wird?", fragt Britta ihren Vater.

„Orangensaft!"

„Was wird aus einer Zitrone, wenn sie überfahren wird?"

„Zitronensaft!"

„Und was wird aus einer Klosterschwester, wenn sie überfahren wird?"

Der Vater überlegt und überlegt und kommt nicht drauf. Dafür weiß aber Britta die Antwort: „Klosterfrau Melissengeist!"

Alles wird gut

„Meinen Sie, Herr Doktor, die Wunde an meiner Hand wird so heilen, dass ich Orgel spielen kann?", fragt ein Küster seinen Arzt.

„Ganz sicher!"

„Das ist super! Bis jetzt konnte ich nämlich nicht Orgel spielen!"

Ungelegen

Ein Mann kommt erst spät am Abend nach Hause und erzählt: „Ich war drüben bei Müllers."

„Kamst du denn auch nicht ungelegen?", will seine Frau wissen.

„Nein, ganz im Gegenteil! Frau Müller sagte, ich hätte ihr gerade noch gefehlt!"

Selbst ist der Papst

Mit den höfischen Sitten und dem aufwendigen Lebensstil im Vatikan hatte Papst Pius X. nicht viel im Sinn. Der zeit seines Lebens sehr bescheiden lebende Mann besuchte eines Tages die päpstliche Küche.

Sehr erstaunt war er über die zahlreichen Köche und Hilfsköche, die noch zur Zeit Leos XIII. angestellt worden waren. Seinem Sekretär sagte er deshalb:

„Leider werde ich diesmal die Zahl der Arbeitslosen vermehren müssen, denn für mich genügt ein halber Koch. Den Kaffee mache ich mir selbst, und abends bereite ich mir Polenta und brate mir ein paar Eier in der Pfanne."

So viel Bescheidenheit

Nach Abschluss des Firmunterrichts sagt Christoph zu seinem Pfarrer: „Herr Pfarrer, zum Schluss der Firmvorbereitung möchte ich Ihnen für alles danken, was ich bei Ihnen lernen durfte."

„Ach", meint der Pfarrer bescheiden, „die Kleinigkeit ist ja nicht der Rede wert!"

Bitte vernünftig!

Steffi: „Papilein, gibst du Steffilein einen Fünf-Euro-Schein?"

Darauf der Vater: „Rede bitte vernünftig mit mir!"

Steffi: „Hey, Alter, rück mal 'nen Schein raus!"

Die Anekdote

Klein Lisa kommt vom Kindergottesdienst nach Hause.

„Worüber hat denn der Pfarrer gepredigt?", fragt die Mutter.

„Über Adam und Eva", antwortet das Mädchen, „du kennst doch die Anekdote!"

Wer zuletzt lacht

Ein Franziskaner und ein Herr sitzen im Zugabteil. Der Sommer ist schrecklich heiß und im Abteil ist es glühend wie in einer Backröhre. Beide schwitzen, der eine im Anzug, der andere in der Kutte.

Der Herr zieht sich das Sakko aus, krempelt sich die Hemdsärmel hoch und öffnet die Krawatte. Schadenfroh wendet er sich an den Franziskaner: „Sehen Sie, so was können Sie nicht machen!"

Der Ordensmann verschwindet kurze Zeit aus dem Abteil und kommt zurück, die Hosen über dem Arm und meint zu dem Herrn: „Sehen Sie, und so was können Sie nicht machen!"

Aus der Zeitung

„Papi, warum essen Generale nicht mit Messer und Gabel?"

„Wie kommst du denn darauf?", fragt erstaunt der Vater.

„Hier in der Zeitung steht: ‚Der General speiste mit seinem Stabe'!"

Neue Interpretation

Christine lernt die Zehn Gebote Gottes. „Mutti, was heißt das: ‚Du sollst nicht ehebrechen'?", will sie wissen.

Aber ehe die Mutter antworten kann, fährt das Mädchen fort: „Ach, ich weiß es schon – du sollst bei Eheleuten nicht einbrechen!"

Ja, wann nur?

Ein katholischer Priester, ein evangelischer Pastor und ein Rabbi unterhalten sich darüber, wann das Leben beginnt.

Der Priester: „Das Leben beginnt mit der Verschmelzung von Ei- und Samenzelle."

Der Pastor: „Das Leben beginnt, wenn das Kind geboren ist."

Der Rabbi wiegt den Kopf und sagt: „Sein mer doch ehrlich. Wenn die Kinder aus dem Haus sind und die Schwiegermutter tot, do beginnt dos Leben!"

Nachgefragt

Die Familie hat eben das Vaterunser gebetet.
Nachdenklich fragt die kleine Lisa. „Wer ist denn der Böse Amen?"
Darauf ihr Bruder: „Na der, von dem uns der liebe Gott erlösen soll!"

Tierwitze

Eine Katze sieht zum ersten Mal eine Fledermaus.
„Verdammt, jetzt haben sie schon die Luftüberlegenheit!", schimpft sie.

Frage: Was ist der Unterschied zwischen einem Menschen und einem Huhn? Antwort: Einem Menschen genügt ein halbes Hähnchen!

„Wohl mit 100 gegen einen Baum gerast, was?", grinst der Schäferhund den Mops an.

„Herr Doktor, was soll ich bloß tun? Immer lecken mir Hunde und Katzen die Hände ab!"
„Essen Sie von jetzt an mit Messer und Gabel!"

Falsch verstanden

Am Heiligen Abend singt man im Familienkreis das Lied „Ihr Kinderlein kommet …"

Die Tante hat wohl eine Hirtenromantik ganz eigener Art entwickelt, denn ganz begeistert hört man sie singen: „… die rötlichen Hirten knien betend davor …"

Schwerhörig

Ein Bischof geht gern auf die Jagd. Er hat schon lange einen inzwischen alten Dackel, der ein guter Jagdhund ist, aber sehr schlecht hört. Eines Tages schießt der Bischof einen Hasen.

Weil der Hund aber nicht losrennt, hebt er sein rechtes Ohr und schreit: „Bumm!" Da flitzt der Dackel los und packt den toten Hasen.

Im selben Moment stößt ein Adler aus der Luft herunter und ergreift den Hasen und fliegt damit los. An dem Hasen hängt aber auch noch der Dackel des Bischofs. Der Bischof sieht das, zielt und trifft den Adler ins Herz. Der stürzt auf die Erde, dann fällt auch der Hase herunter. Nur der Hund fliegt weiter. Warum?

Der hat den Schuss nicht gehört.

Was mögen Tauben so?

Die Mutter erklärt der kleinen Moni das Altarbild, auf welchem der Heilige Geist in Gestalt einer weißen Taube dargestellt ist.

„Frisst der Heilige Geist Körner oder Regenwürmer?", will Moni plötzlich wissen.

War einer hier?

Die Mutter kommt vom Einkaufen zurück und fragt Ferdinand:

„Ist jemand gekommen?"

„Ja."

„Wer?"

„Du."

„Nein, ich meine, ob jemand hier war?"

„Ja."

„Wer?"

„Ich."

Danke für die „Hilfe"

„Papa, du sollst mir jetzt nicht mehr bei den Schularbeiten helfen, hat mein Lehrer gesagt."

„Und warum nicht?"

„Er sagte nur, die rote Tinte wäre schon wieder teurer geworden."

Alles Bischöfe?

Als die beiden Freunde in die Domstadt kamen, sahen sie bei der großen Reliquienprozession staunend die vielen rotviolett gekleideten Domherren.

„Sind das auch alles Bischöfe?", fragt Herr Schubert ganz ehrfurchtsvoll Herrn Lehmann.

„Ach, quatsch, das werden die sein, die es werden wollten, aber nicht weitergekommen sind!"

Bibelauslegung

Ein Bauer kommt zum Pfarrer und beschwert sich: „Was erzählen Sie meinem Kind: Wenn dich jemand auf die rechte Wange schlägt, dann halte ihm auch die linke hin? Was soll der Unsinn?"

Der Pfarrer wehrt sich und sagt: „Ich sage es nur, wie es im Evangelium steht, ich kann nichts dazutun und nichts wegnehmen."

Da gibt ihm der Bauer eine Ohrfeige und gleich noch eine auf die andere Seite, denn er kann den Pfarrer sowieso nicht leiden.

Der Pfarrer, der auch recht stattlich gebaut ist, gibt dem Bauern auch zwei Ohrfeigen und meint: „Es steht geschrieben: Mit welcherlei Maß ihr messt, so wird auch euch gemessen werden. Ein volles, gerütteltes Maß wird man euch geben." Und damit verpasst er dem Bauern noch drei Paar Ohrfeigen.

Der Dorfpolizist kommt, vom Lärm angelockt, näher und fragt, was hier los sei. Darauf antwortet der Pfarrer: „Ach, wir legen uns nur gegenseitig die Bibel aus."

Rund um den Braten

Mutter und Tochter sind im Zoo.

„Die Hirsche hier geben uns den Hirschbraten", erzählt die Mutter. „Und die Gänse hier geben uns den Gänsebraten."

Da fragt die Tochter: „Mami, und wo ist der Schmor?"

Schade drum

Ein Jude lässt sich taufen. Als ihn der Pastor fragt, welchen Namen er sich als Christ ausgewählt habe, sagt er: „Martin Luther."

Der Pfarrer ist gerührt: „Wie sind Sie denn auf diesen Namen gekommen?"

„Schauen Sie, Herr Pfarrer, ich hab bisher Moische Levi geheißen und meine ganze Wäsche ist mit M. L. als Monogramm ausgestickt. Es wär doch schade …"

Nicht beabsichtigt

Ein Prediger wettert über die Schlechtigkeit der Welt. „Wofür geben wir unser Geld aus? Für Alkohol und Zigaretten! Für das, was uns schadet! Welche Aktien bringen am meisten ein? Die der Schnaps- und Tabakindustrie!"

Nach dem Gottesdienst meint ein Besucher: „Ihre Predigt war sehr inspirierend, Herr Pfarrer."

„Dann werden Sie jetzt abstinent leben?"

„Nee, aber ich weiß nun, wo ich investieren soll."

In den Himmel?

Toni ist bei der Oma auf Ferienbesuch. Jeden Abend betet sie mit ihm: „Lieber Gott, mach mich fromm, dass ich in den Himmel komm!"

Eines Abends aber fragt Toni mit erschrockenen Augen: „Aber Oma, wie komme ich denn da wieder runter?"

Das achte Gebot

Im Unterricht wird über das achte Gebot gesprochen. Da erinnert sich Jasmin: „In unsere Klasse ist eine Neue gekommen. Die behauptet, dass ihre Urururgroßmutter noch lebe. Das gibt es doch gar nicht, die lügt doch!"

„Vielleicht lügt sie nicht, sondern stottert bloß", gibt der schlaue Robert zu bedenken.

Vertauscht

Die Gemeinde von Kleinhennersdorf hat einen neuen Pfarrer, einen liebenswürdigen Mann, gut im persönlichen Seelsorgegespräch, aber seine Predigten sind kaum zu ertragen. Jedes Wort fällt einzeln und mühsam aus seinem Munde.

Doch eines Sonntags zum Erstaunen der Gemeinde: Von der Kanzel herab fließt die Rede wie ein Wasserfall. Nachher in der Sakristei lobt ihn der Küster ob dieser unverhofften Redekunst.

„Nicht mein Verdienst", wehrt der Pfarrer bescheiden ab. „Ich habe heute Morgen nur versehentlich mein Gebiss mit dem der Haushälterin vertauscht."

Großes Staunen

Oma hat ein Moorbad genommen.

Der kleine Enkel kommt ins Bad und staunt über die dunkle Flüssigkeit: „Sag mal ehrlich, Oma, wie lange hast du denn nicht mehr gebadet?"

Von vorn bis hinten

Der Theologe Adolf von Harnack besuchte einmal seine alten Tanten. Sie erzählten ihm stolz, dass sie jetzt die Bibel von vorn bis hinten gemeinsam durchlesen würden. Gerade seien sie beim Propheten Ezechiel angekommen.

„Und versteht ihr denn alles, was ihr da lest?", fragte Harnack vorsichtig. Freundlich nickend versicherten ihm die Damen: „Das meiste verstehen wir schon. Und was wir nicht verstehen, das erklären wir uns eben."

So gesehen

Weil die Frau, die normalerweise die Messgewänder wäscht, erkrankte, brachte der Pfarrer seine Albe in die Wäscherei. Die Angestellte in der Wäscherei nahm das Stück entgegen, schaute es sich an und füllte dann den Auftragsschein aus: 1 Stück Nachthemd für zwei Personen.

Recht unartig

Die kleine Tanja benimmt sich in den Ferien bei der Großmutter recht unartig.

„Wenn du unfolgsam bist", sagt die Großmutter, „geht es dir wie dem Rotkäppchen. Du weißt ja, das hat der Wolf gefressen."

„Aber zuerst hat er die Großmutter gefressen!", weiß Tanja.

Kehre um!

Predigt der junge Priester: „Und immer wenn ich einen Betrunkenen aus einer Kneipe kommen sehe, sage ich zu ihm: ‚Tue Buße, du bist auf dem falschen Weg, kehre um!'"

Fußball zwischen Himmel und Hölle

Um sich die Zeit zu vertreiben, macht der Teufel Petrus den Vorschlag, mal ein Fußballturnier zwischen Himmel und Hölle auszurichten.

Petrus lacht und sagt: „Da habt ihr ja wohl keine Chance, alle guten Fußballer waren fromme Leute und die sind bei uns!"

„Hmm", grinst der Teufel, „und die Schiedsrichter?"

Absender

Einem Geistlichen wurde vor der Predigt ein Brief überreicht. In dem stand nur ein einziges Wort: „Blödmann". Der Gemeinde erzählte er davon und meinte:

„Ich kenne viele Beispiele dafür, dass jemand einen Brief schreibt und dann vergisst, ihn zu unterschreiben. Aber das ist der erste Fall, dass jemand unterschreibt und den Brief zu schreiben vergisst!"

Immer noch?

Ein fremder Beichtvater hält auch die Sonntagsmesse und predigt und predigt und predigt … Die Leute rutschen schon ganz unruhig auf den Bänken hin und her, denn das sind sie von ihrem Pfarrer nicht gewohnt. Plötzlich hört man eine helle Kinderstimme: „Mutti, ist noch Sonntag?"

Vorsichtsmaßnahme

Am Samstagabend fragt der Pfarrer den Kaplan, worüber er zu predigen gedenke.
Der Kaplan: „Ich dachte an die Tugend der Sparsamkeit!"
Der Pfarrer: „In Ordnung, aber wir werden die Kollekte wohl besser vorher einsammeln!"

Unbedeckt

Pfarrer Bornstett pflegt seine Predigt vom Manuskript abzulesen, das er eine halbe Stunde vor Beginn des Gottesdienstes auf die Kanzel legt.
Eines Sonntags entwendet ein junges freches Gemeindemitglied heimlich die letzte Seite. Was passiert? Gerade liest der Pfarrer vor: „Und Adam sprach zu Eva …", da blättert er weiter, findet das letzte Blatt nicht, sucht durch das Manuskript und wiederholt, um Zeit zu gewinnen: „Und Adam sprach zu Eva …" Plötzlich fügt er leise hinzu, aber über die Lautsprecher ist es bis in die letzte Bank deutlich zu vernehmen: „… da fehlt doch ein Blatt!"

Gesundes Mittelmaß

„Liebe Gemeinde, wenn ich mir die Autos vor der Kirche betrachte, dann freue ich mich: Es gibt kaum Arme in unserer Gemeinde. Und wenn ich in den Kollektenkorb schaue, dann freue ich mich auch: Es gibt kaum Reiche in unserer Gemeinde."

Badegäste

Es stand an der Kathedrale: „Der Dompropst heißt alle Touristen herzlich willkommen. Er möchte aber darauf hinweisen, dass in der Kirche keine Gelegenheit zum Schwimmen gegeben ist. Daher ist es völlig unnötig, die Kathedrale in Strandkleidung zu betreten."

Inkonsequentes Handeln

Ein Offizier und ein Pfarrer sitzen in einem Zugabteil.
„Hätte ich einen Trottel zum Sohn", meint nach einer Weile der Offizier zum Pfarrer, „dann würde ich ihn zum Pfarrer machen."
„Dann denken Sie aber anders als Ihr Vater", erwidert der Pfarrer.

Vernichtender Gesang

Sagt der Pfarrer beim Gottesdienst: „Unser Organist kann heute leider nicht spielen. Ich stimme das Lied 71 an, danach fällt die ganze Kirche ein!"

Wer spielt?

Sagt der Pfarrer zum Küster: „Keine Menschenseele in der Kirche, nicht mal der Organist. Wer spielt denn da?"
Sagt der Küster: „Bayern gegen Leverkusen!"

Prinzipien

Ein Prälat zeigt einem Mitbruder seine enorme Bibliothek. Fragt dieser: „Könnte ich mir da mal ein paar Bücher ausleihen?"
Darauf der Prälat: „Unter gar keinen Umständen, das sind alles geborgte Bücher!"

Die Gelübde

Im Religionsunterricht fragt der Pfarrer seine Schüler: „Was ist ein Gelübde? Wer weiß es?"
Darauf Fritzchen: „Ich weiß es, Herr Pfarrer – mein großer Bruder hat nämlich eine!"

Kennerblick

„Ihr schaut immer nur auf das Äußere, auf das hübsche Gesicht und das hübsche Kleidchen", wettert der strenge neue Kaplan gegen die leichtfertigen Liebschaften der jungen Burschen. „Ich aber sage euch: Ihr solltet mehr das sehen, was darunter ist!"

Glaube soft

Dialog zwischen zwei Pfarrern, wie man den Kirchenbesuch wieder beleben könne:

„Wir haben jetzt gepolsterte Sitze, die Kniebänke sind abgeschafft, jede Woche halten wir einen Vortrag über aktuelle Themen, und zweimal im Monat spielt eine Jazzkapelle. Aber die Kirche wird und wird nicht voll. Können Sie mir wohl sagen, was wir noch versuchen sollen?"

„Lieber Mitbruder, ich würde es mal mit Religion versuchen."

Lied gut – Predigt . . .

Der würdige alte Kirchendiener einer mitteldeutschen Universitätsstadt hatte eine dreistufige Wertskala für die Probepredigten eingeführt, die er sich anhören musste.

Seine beste Wertung war: „Sie werden eine Posaune des Herrn werden."

Der zweite, vermutlich besonders häufige Grad der Anerkennung lautete: „Sie haben mich erbaut."

Aber auch bei einer noch so schlechten Predigt wusste er ein tröstliches Wort: „Sie haben die Lieder gut gewählt."

Begnadigt

Ein Fürstbischof ist auf der Jagd. Er schießt auf eine Wildgans. Da er nicht mehr gut sieht, fragt er seinen Sekretär: „Gut getroffen?"

Darauf dieser: „Seine Exzellenz haben geruht, die Wildgans zu begnadigen!"

Katzenjammer

Die Leute in einem Dorf wollten nicht mehr recht zur Kirche kommen. Der Pastor beschloss eine sensationelle Werbeaktion. Er ließ am Pfingstsonnabend bekannt machen, morgen werde der Heilige Geist in der Kirche erscheinen. Dabei sagte er dem Küster Bescheid, er solle heimlich eine Taube fliegen lassen.

Nun aber besaß der Pastor eine Katze. Die ging am Sonntagmorgen unbemerkt hinter ihm her in die Kirche, hinauf auf die Chorempore und fraß die dort bereitgestellte Taube auf. Und so kam es dann, wie es kommen musste. Mit gewaltiger Gebärde ruft der Pastor: „Der Heilige Geist erscheine!" – Pause, Schweigen.

„Der Heilige Geist erscheine!" – Pause.

Dann die bekümmerte Stimme des Küsters von der Empore: „Den Heiligen Geist hat die Katze gefressen!"

Hirt oder Schaf?

Der Pfarrer steht vor der Gemeinde, und es soll der Hirtenbrief des Bischofs verlesen werden: „Die Predigt muss heute ausfallen, denn ich habe euch etwas Wichtiges zu sagen."

Schwieriger Fall

„Wenn ich Ihnen helfen soll, muss ich alles von Ihnen wissen", sagt der Psychiater. „Bitte erzählen Sie und fangen Sie bitte vorne an!"

Patient: „Am Anfang schuf ich Himmel und Erde …"

Weiße Weste

„Was für Sünden soll ich Ihnen eigentlich bekennen? Ich gehe jeden Sonntag in die Messe, führe ein geregeltes Leben, gehe früh schlafen, bin pünktlich zur Arbeit und ich lese jeden Tag in der Bibel."

„Ja, ja, gut, gut, mein Sohn, aber das wird sich leider wohl alles ändern, wenn du hier rauskommst", unterbricht ihn der Gefängnispfarrer.

Sich mausern!

In einem Kloster soll es – wenigstens früher – verboten gewesen sein, dass einer bei Tisch für sich selber etwas Fehlendes reklamierte; das war das Amt seines Nachbarn, und so passte jeder auf den andern auf.

Da sah einmal ein Pater zu seinem Entsetzen eine tote Maus in seiner Suppe schwimmen. Was tun? Sich beschweren durfte er nicht, und sein Nachbar bemerkte es nicht. Und so winkte er den Bruder, der Tischdienst hatte, herbei und flüsterte ihm zu: „Mein Nachbar hat noch keine Maus in der Suppe!"

Fangfrage

„Herr Kandidat", fragt der Examinator den theologischen Prüfling, „sagen Sie mir: Werden alle Gebete erhört?"

Der Unglückliche, der schon gefährlich auf der Kippe steht, überlegt, dass es immer besser sei, Gott zu viel statt zu wenig zuzutrauen, und antwortet beherzt: „Ja."

„Na, dann bitten Sie jetzt einmal Gott recht dringend, dass Sie dieses Examen bestehen möchten."

Beten erlaubt

Ein Jesuit sitzt im Park, liest in seinem Brevier und raucht dabei. Ein Franziskaner wandelt betend vorbei und staunt über den Jesuiten. Sie diskutieren darüber, ob man beim Beten rauchen darf. Sie beschließen, ihre Oberen zu fragen.

Später treffen sie sich wieder. Der Jesuit sitzt wieder auf der Bank, betet und raucht dabei. Der Franziskaner: „Mein Oberer hat gesagt, dass Beten eine heilige Handlung ist und man dabei nicht rauchen sollte."

Der Jesuit: „Und ich habe meinen Oberen gefragt, ob man beim Rauchen beten darf."

Wer glaubt denn da?

Ein bekannter bekennender Atheist kehrt in einer eleganten Gesellschaft stolz seinen Unglauben heraus und wettert gegen die Kirche und gegen die Christen. Da sagt ein bescheidener Besucher: „Wichtig ist nicht die Frage, ob Sie an Gott glauben."

„Welche denn?"

„Ob Gott an Sie glaubt."

Eine Frage des Standpunkts

Ein fleißiger Kirchgänger nach dem sonntäglichen Gottesdienst: „Eine schöne Predigt war das. Heute hatte ich zum ersten Mal das Gefühl, dass er nicht mich persönlich meint."

Fromme Gebete

Auf dem Land sitzt ein alter Bauer vor der Kirche auf der Bank. Es ist Sommer und es hat lange nicht geregnet. Da kommt eine Schulklasse vorbei und will in die Kirche.

„Was wollen Sie denn mit den Kindern in der Kirche?", fragt der Bauer.

„Wir wollen um Regen bitten", antwortet die Lehrerin.

„Seien Sie froh, dass Kindergebete nicht erhört werden, sonst wären Sie längst Ihren Job los."

Der alte Trick mit dem Apfel

Ein Pastor besaß einen Apfelbaum. Aber die Äpfel daran wurden immer auf unerklärliche Weise weniger, und eines Tages, gerade als er sie pflücken wollte, waren sie in der Nacht zuvor alle gestohlen worden. Nein, zwischen den Ästen hing noch ein einziger Apfel, den der Dieb offenbar übersehen hatte. Daraufhin beschloss der Bestohlene, den Täter während des Gottesdienstes herauszufinden.

Er nimmt den einen Apfel mit in die Kirche, schildert in seiner Predigt, wie alle Äpfel von seinem Baum gestohlen worden sind, und ruft schließlich: „Den letzten Apfel will ich dem Dieb an den Kopf werfen!"

Er holt aus, da ruft eine Frau erregt: „Karl-Heinz, duck dich." Und der Mann neben ihr verschwindet unter der Bank. Der Pastor aber lacht befriedigt: „Nun weiß ich, wer mir die Äpfel gestohlen hat!"

Verdienste

Ein Pfarrer und ein Reisebusfahrer warten zusammen an der Himmelstüre und bitten um Einlass. Als Petrus aufmacht, bittet er den Reisebusfahrer hinein und verwehrt dem Pfarrer den Eintritt. Auf die Frage des Geistlichen hin antwortet Petrus: „Ganz einfach! Jedes Mal, wenn die Menschen in deiner Kirche waren, haben sie geschlafen, aber jedes Mal, wenn sie im Bus gesessen haben, haben sie gebetet!"

Eine Frage des Zinses?

Der reiche Schmihl hat eines Tages seine Geldbörse mit 2 000 Gulden auf dem Weg zum Markt verloren. Er lässt ein Plakat auf dem Markt aushängen:

„Geldbörse mit 2 000 Gulden vermisst. Der ehrliche Finder bekommt 50 Gulden. Schmihl."

Der stadtbekannte Schnorrer Schlojme schreibt in der Nacht darunter: „Biete 100 Gulden. Schlojme."

Christentum und Seife

Vor der New Yorker Kathedrale sagt ein Seifenfabrikant zu einem Priester: „Das Christentum hat doch in den 2 000 Jahren nichts erreicht, es wird gepredigt und gepredigt, aber alle wollen nur Geld und ein schönes Leben. Die Menschen sind keinen Deut besser geworden."

Der Priester zeigt auf einen kleinen Jungen mit dreckigen Händen und Knien: „Seife hat auch nichts erreicht. Es gibt überall noch schmutzige Menschen."

„Na ja, Seife hilft nur, wenn man sie anwendet."

Da nickt der Priester: „Eben, Christentum auch."

Von der heilsamen Wirkung des Alkohols

Ein Pfarrer hat bei sich in der Gemeinde einen Trinker. Er denkt darüber nach, wie er ihn heilen könnte. Eines Tages geht er zu ihm und fragt: „Warum trinkst du, mein Sohn?"
Der Trinker antwortet: „Weil es mir Spaß macht."
Der Pfarrer überlegt, wie er die Seele retten könnte. Er lässt sich zwei Gläser geben und füllt das eine mit Wasser, das andere mit Schnaps. Dann holt er aus dem Garten einen Wurm. Zuerst wirft er ihn in das Wasser. „Siehst du", sprach der Pfarrer, „er schwimmt."
Dann wirft er ihn in den Schnaps. Der Wurm stirbt sofort. „Siehst du, was passiert? Sage mir nun, was du daraus lernst …"
Der Trinker erwidert seelenruhig: „Dass Trinker keine Würmer haben …"

Späte Rache

Ein alter Bayer liegt im Sterben. Die ganze Familie ist um ihn herum versammelt. Der älteste Sohn fragt den Vater: „Vatter, hast du vleicht noch an letzten Wunsch?"
„Jao, i mecht die praissiche Staatsbirgerschaft annemmen!"
„Ja, wieso denn-naa?", fragt der Älteste entsetzt, „du bist doch dai ganzes Lehm a gstandner Bayr gwesn. Warum willst denn das jezet?"
Der Alte richtet sich noch weiter auf und sagt mit gebrochener Stimme: „Jao, wenn i naert sterb, da is widder so a Sauprais weniga!!"

Handicap

„Ich kann Ihr Leiden nicht genau feststellen", sagt der Arzt, „wahrscheinlich ist der Alkohol daran schuld!"

„Macht nichts", sagt der Mann, „dann komme ich wieder, wenn Sie nüchtern sind, Herr Doktor."

Auf der Jagd

Der Pfarrer stochert wie besessen auf seinem Teller herum. Da fragt die Haushälterin besorgt: „Was machen Sie denn da?"

„Schnitzeljagd!"

Weder noch!

Zwei Herren sitzen im Zug von Krakau nach Warschau: ein Geschäftsmann und ein Handleser.

„Ich werd' Eich die Gedanken aus der Hand lesen! Wenn ich richtig lese, kostet's zwanzig Euro!" Der Geschäftsmann ist einverstanden.

Der Mann beginnt nun die Hand des andern zu kneten und zu betrachten, schließlich sagt er: „Ihr fahrt nach Hause, um Bankrott anzumelden!" Der Geschäftsmann zieht seine Brieftasche und überreicht dem Handleser 20 Euro. „Also, hob ich richtig gelesen?!"

„Dos nicht, ober oif ne gute Idee hobt Ihr mich gebracht!"

Lange her

Ein Pfarrer sagt zur Haushälterin. „Bei aller Liebe, aber dieses Steak ist ungenießbar, so hart ist es!"
Die Haushälterin gibt zurück: „45 wärn Se froh gewesen, wenn Sie's gehabt hätten."
„Ja, ja" sagt der Pfarrer, „45! Da war's ja auch noch frisch!"

Ausnüchterungsmethoden

Ein Mann liegt auf der Straße. Die Leute denken, er stirbt, und holen den Pfarrer.
Fragt der: „Willst du die letzte Ölung, mein Sohn?"
Lallt der Mann: „Nein, jetzt nur nichts Fettiges!"

Zur Sicherheit

Ein Millionär liegt im Sterben und ruft den Pfarrer. „Herr Pfarrer, wenn ich mein Vermögen der Kirche vermache, kann ich dann sicher sein, in den Himmel zu kommen?"
„Versprechen kann ich nichts", meint der Pfarrer, „aber versuchen sollten Sie es auf alle Fälle."

Schwere Entscheidung

Die Haushälterin kommt aus der Küche. „Es sind schon wieder so viele Kartoffeln übrig geblieben. Kaufen wir nun die Sau oder beantragen wir einen Kaplan?"

Nützlich

Bei der Beerdigung des toten Lateinprofessors Kunkel meinte ein Kollege: „Kunkel war ein toller Altphilologe. Er beherrschte sieben tote Sprachen!"

„Die wird er ja jetzt brauchen können!"

Wahrhaft selbstlos

Der Pfarrer predigt gegen den Egoismus und gegen die Gier. „Die Menschen denken nur noch an sich, an ihre Vergnügungen, an das Trinken und Essen. Während wir zum Beispiel hier noch in der Kirche sind, sitzen die meisten Leute schon drüben in der Gastwirtschaft und essen mir den leckeren Kalbsbraten weg."

Besenweisheit

Ein Pfarrer hat seiner Gemeinde schon viele Jahre gedient und meint, es sei nun vielleicht doch an der Zeit, einem Jüngeren mit frischer Kraft und neuen Ideen Platz zu machen. Aber bevor er etwas unternimmt, spricht er mit einem der alten Bergbauern über seine Absicht, sich zur Ruhe zu setzen:

„Weißt, Franzl", meint er schließlich, „man sagt ja, neue Besen kehren gut."

Der alte Mann denkt eine Weile nach.

„Stimmt schon, Herr Pfarrer", sagt er dann, „neue Besen kehren gut. Aber der alte Besen weiß, wo der Dreck sitzt."

Fastenzeit

Der Bischof sitzt beim Frühstück, als ein Pfarrer angemeldet wird. Der Bischof lässt diesen eintreten und bittet ihn zu Tisch: „Frühstücken Sie doch mit mir."

„Danke, Herr Bischof", erwidert der Pfarrer, „erstens ist heute Fasttag und zweitens habe ich schon reichlich gefrühstückt."

Der Geist weht, wo er will

Der Pfarrer geht abends spazieren und liest sein Brevier. Er ist müde und das Beten fällt ihm schwer. Als er aus dem Dorf rauskommt, wird es ganz schön kühl und zugig. Von Zeit zu Zeit fährt der Wind ins Brevier und weht ein Blatt oder gar noch mehr um.

Der Pfarrer hält das Buch etwas höher und murmelt demütig: „Herr, wie du willst! Ich hätt' mich nicht getraut."

Der Teufel soll sie holen, die Gele(h)rten!

Bei einer Visitation besichtigt ein Bischof auch die Kellerräume des Pfarrhauses. Mit Befremden bemerkt er Berge von leeren Weinflaschen, die hier aufgestapelt sind.

„Hier liegen aber sehr viele Leichen!", sagt er zu dem Pfarrer.

„Keine Sorge, Euer Exzellenz", antwortet der Pfarrer, „keine ist ohne geistlichen Beistand gestorben."

Hahnenstolz

Ein Jesuit kommt zu einer Predigt in ein Pfarrhaus. Hinterher ist er zum Mittagessen eingeladen. Die Köchin bringt für jeden ein kräftiges Hähnchen herbei. Aber noch ehe man beginnen kann, wird der Pfarrer dienstlich abgerufen. Er sagt zum Pater: „Fangen Sie ruhig schon mal an, ich komme gleich nach." Der Jesuit isst sein Hähnchen, und da es ihm gut schmeckt und der Pfarrer immer noch nicht zurück ist, bekommt er Appetit auf das zweite Hähnchen. „Ehe es kalt ist, esse ich ein Stück", denkt er. Bald ist das ganze Hähnchen des Pfarrers im Magen des Jesuiten verschwunden.

Als der Pfarrer schließlich nach einer guten Stunde wiederkommt, findet er die Platte leer gegessen. Er macht gute Miene zum bösen Spiel und lässt sich etwas anderes von der Küche herrichten. Nach dem Essen gehen sie in den Pfarrgarten und bewundern dort die Blumen, die Bäume und den Hühnerstall. In dem Hühnerstall ist ein herrlicher großer Hahn, und der Jesuit sagt: „Was für ein prächtiges Tier!"

„Ja", sagt der Pfarrer, „der hat auch Grund, stolz zu sein. Denn er hat zwei Söhne bei den Jesuiten."

Die stärkeren Argumente

Ein jüdischer Versicherungsagent will sich taufen lassen. Eine volle Stunde bleibt er beim Pfarrer, bis er wieder auf die Straße tritt.

„Nu, hot er dich getäuft?", will sein Freund wissen.

„Nejn", entgegnet der Agent und wischt sich den Schweiß ab, „ober ich hob en versichert!"

Unglaube

Zwei Juden treffen sich am Sabbat.

„Stimmt es", sagt der eine, „dass du bist unserem Glauben abtrinnig geworn?"

„Jo", gibt der andere zur Antwort.

„Glaubst du denn nicht mehr an Gott?"

„Weißt du, loss uns von wos anderem reden!"

Am nächsten Tag treffen sie sich wieder.

„Es lässt mir keine Ruhe, glaubst du noch an Gott?"

„Nejn!"

„No, dos hättest du mir oich schon gestern gesagt haben kennen!"

„Bist du meschugge? Am Sabbat!"

Logik, die besticht

Simon Stern bestellt in einer Konditorei einen Apfelkuchen, lässt ihn dann aber wieder zurückgehen und nimmt dafür einen Likör. Als er ausgetrunken hat, verlässt er das Lokal.

„Herr", ruft ihm der Konditor nach, „Sie haben den Likör nicht bezahlt!"

„No, ich hob Eich doch den Apfelkuchen davor gegeben."

„Aber der war doch auch nicht bezahlt!"

„No, hob ich ihn denn gegessen?"

Golf am Sabbat

Ein Rabbi ist ein passionierter Golfspieler. Leider regnet es die ganze Woche lang ununterbrochen, und so kann er kein Golf spielen.

Doch dann, an einem Sabbatmorgen: wunderschönes Wetter! Er stellt sich die Frage: „Sabbat oder Golf?" Er schaut nochmals aus dem Fenster: Der Rasen glänzt und kein Wind … Einfach perfektes Golfwetter. Fünf Minuten später steht er auf dem Golfplatz, natürlich getarnt, und zielt auf das Loch.

Ein Engel fragt den HERRN: „Herr! Siehst du das?!? Das darf er doch nicht! Du musst ihn bestrafen!"

„Keine Sorge, er wird seine Strafe erhalten."

Der Rabbi nimmt Schwung und … HOLE IN ONE!!!, mit einem Schlag setzt er den Ball ins Ziel.

Der Engel ist entsetzt: „HERR, hast du das gesehen! Und wo ist denn da die Bestrafung?"

Der HERR: „Jaja … Und wem, bitt scheen, soll er dos jetzt erzählen?"

K. O. nach einer Stunde

Zwei Geistliche unterhalten sich.

„Ich habe neulich über eine Stunde gepredigt", sagt der eine.

Der andere fragt erstaunt: „Da musst du doch völlig fertig gewesen sein?"

„Ich nicht, aber die Gemeinde hättest du sehen sollen."

Weibliche Logik

In einer israelischen Stadt geht der Bürgermeister mit seiner Frau spazieren. An einer Baustelle grüßt ein Maurer freundlich die Frau Bürgermeister und redet sie mit ihrem Vornamen an. Der Bürgermeister ist verwundert und fragt hinterher seine Frau, woher sie den Maurer kenne.

„Ach, der ist mit mir in die Schule gegangen, er war mein erster Freund."

„Zum Glück hast du nicht ihn, sondern mich geheiratet, sonst wärest du heute nicht die Frau eines Bürgermeisters, sondern die Frau eines Maurers."

„Da irrst du dich", gibt die Frau zurück. „Hätte ich ihn geheiratet, wäre er heute der Bürgermeister."

Aus der Trickkiste

Zwei Bettler sitzen auf einer Bank. Der eine hat ein Kreuz in der Hand, der andere hält einen Davidsstern. Jeder hat einen Hut für Almosen vor sich. Die Leute gehen vorbei, schauen aber den Mann mit dem Stern gar nicht an, dem mit dem Kreuz aber werfen sie ein paar Münzen hinein. Dessen Hut ist voll, der andere leer.

Ein Priester sieht das und geht zu dem mit dem Stern: „Junger Mann, das hier ist ein katholisches Land, hier werden Sie mit Ihrem Stern keine Spenden bekommen."

Der mit dem Stern wendet sich an seinen Nachbarn: „Moische, konnste dir vorstelln, doss dieser Mann mecht uns belehrn, wie wir unsere Firma fiehrn?!"

Gewusst, wo

Ein Mann hat eine Autopanne. Mehrere Mechaniker versuchen sich daran ohne Erfolg, da kommt ein jüdischer Autoschlosser, hebt die Motorhaube, schlägt mit dem Hammer einmal zu und der Wagen läuft wieder.

Der Mann ist glücklich: „Was bin ich Ihnen schuldig?"

„Zwanzig Kronen!"

Das ist dem Mann zu viel und er verlangt eine detaillierte Rechnung.

Der Jude schreibt: Schlag mit dem Hammer: 1 Krone, gewusst, wo: 19 Kronen, macht 20 Kronen.

Das Allerheiligste

In einer gut katholischen Gegend ist ein kleineres Dorf ohne Pfarrer; die tägliche Messe feiert ein pensionierter Geistlicher. Als der von dort wegzieht und die Messe im Dorf damit ganz ausfällt, gibt der Dekan bekannt, dass er nun das Allerheiligste aus der Kirche entfernen müsse. Daraufhin entsteht große Erregung im Dorf, Proteste im Pfarrgemeinderat, Briefe an den Bischof, Telefonanrufe beim Dekan: „Wir lassen uns das Allerheiligste nicht nehmen."

Der Dekan versucht einer Frau die Gründe zu erklären: Die geweihten Hostien im Tabernakel könnten nun nicht mehr regelmäßig erneuert werden, sie dürften auch nicht ganz ohne Aufsicht bleiben, sie müssten deshalb jetzt weggenommen und zur Pfarrkirche gebracht werden …

Darauf die Frau: „Was Sie mit Ihren Hostien machen, ist uns völlig gleichgültig; aber das Allerheiligste, das lassen wir uns nicht wegnehmen!"

Diener zweier Herren

Unterhalten sich ein Protestant und ein katholischer Pfarrer: „Müssen denn die Kirchen so reich sein und sich immer um Steuern und Spenden kümmern? Sollte nicht die Kirche hinter dem Seelenheil her sein und nicht hinter dem schnöden Mammon? Gott hat uns doch die Gute Nachricht geschenkt und nicht verkauft."

Da nickt der Pfarrer verständnisvoll: „Sie haben schon Recht, mein Lieber, aber der Zwischenhandel will halt auch von irgendwas leben."

Petri Heil

Ein Prälat, der ein passionierter Angler ist, bohrt ein Loch ins Eis und wirft seine Angel aus. Da plötzlich ertönt eine Stimme aus der Höhe: „Hier gibt es keine Fische!"

Er schaut sich um, geht ein paar Schritte weiter und hackt ein neues Loch. Nach einiger Zeit wieder die Stimme: „Hier gibt es keine Fische."

Er springt auf, geht noch ein Stück weiter, macht wieder ein Loch, Angel rein. Da ruft die Stimme: „Ich hab dir doch gesagt, dass es hier keine Fische gibt!"

„Wer bist du, o Herr?"

Die Stimme gibt zurück: „Der Hallenwart vom Eisstadion!"

Hühnerau...au...augen!

Dem Erzbischof von New York waren immer wieder Klagen über einen Kaplan zu Ohren gekommen, der einen unseligen Hang zum Wetten hatte. Jeder Pfarrer schickte ihn nach einiger Zeit weiter, obwohl er in seinen geistlichen Pflichten höchst gewissenhaft war und keinen Anlass zu weiterem Tadel bot. Der Erzbischof hatte sich vorgenommen, das missratene Schäflein auf den richtigen Weg zu bringen, und bestellte den Herrn Kaplan zu sich, um ihm den Kopf zu waschen. Seinen Pfarrer ließ er inzwischen im Vorzimmer Platz nehmen.

Der junge Mann war eingetreten, und Seine Eminenz ließ sich nach erwiesener Reverenz etwas stöhnend in seinem Sessel nieder. „Das kommt von Ihren Hühneraugen", meinte der junge Geistliche vorwitzig, „da möchte ich eine Wette eingehen."

„Das ist kompletter Unsinn, junger Mann", donnerte der Erzbischof, „das müsste ich schließlich wissen."

„Ich würde eine Flasche Whisky dagegen setzen", wagte sich der Kaplan noch einmal vor. Schon glaubte der Erzbischof, ihn bei seiner schwachen Seite erwischt zu haben. Entschlossen, den Schaden an der Wurzel zu korrigieren, nahm er die Wette an und ließ sich von dem Kaplan Schuhe und Strümpfe ausziehen. Triumphierend stellte er fest, dass die Wette von ihm gewonnen war, kassierte aus pädagogischen Gründen die Flasche für die Wette und schickte den Kaplan nach gehöriger Kopfwäsche zurück zu seinem Vorgesetzten.

„Ich hoffe, es hat geholfen", sagte Seine Eminenz unter vier Augen zu dem hereingerufenen Pfarrer und erzählte ihm die Geschichte von der fehlgeschlagenen Wette und der Lehre, die sein Kaplan sich wohl für künftige Fälle hinter die Ohren schreiben werde.

„Um Himmels willen", stotterte der Pfarrer, „und mit mir hat er vorher noch eine Wette gegen zehn Flaschen abgeschlossen, er werde innerhalb einer halben Stunde durchsetzen, dass Eminenz Schuhe und Strümpfe vor ihm ausziehen!"

Haltungsfehler

Unter den frommen Brüdern ist ein Mönch schwer erkrankt. Der herbeigerufene Arzt untersucht ihn und meint dann zum Abt: „Es ist Gott sei Dank nichts Ernstes. In einer Woche haben wir ihn wieder auf den Knien."

Ordenskrieg

Ein Jesuit beichtet bei einem Dominikaner. Der gibt ihm als Bußgebet auf, einen Rosenkranz zu beten und nach jedem Gesätz die Allerheiligenlitanei.

Der Dominikaner hat jedoch Pech: Bei seiner nächsten Beichte gerät er an eben jenen Jesuiten. Der erkennt ihn und gibt ihm am Ende folgende Buße auf: „Lieber Mitbruder, beten Sie zur Buße die Allerheiligenlitanei und nach jeder Anrufung einen Rosenkranz."

Keine verlockenden Aussichten

Ein Geistlicher fragte während eines Sturmes den Steuermann: „Glaubst du, dass das Schiff in Gefahr ist?"

Der Steuermann nickte bedenklich: „Hochwürden, wenn der Sturm nicht nachlässt, sind wir alle in einigen Stunden im Paradies."

Der Geistliche: „Ach du Schreck, bloß das nicht."

Bibel aktuell

Ein Pfarrer mit weißem Kragen kommt im Flughafen an den Zoll und will ganz selbstverständlich durchgehen. Der Zollbeamte stoppt ihn und nimmt seinen Koffer zur Kontrolle.

„Zöllner", meint der Pfarrer verächtlich. Der Koffer wird geöffnet: Er ist voller Zigaretten und Cognac.

„Pharisäer", gibt der Zollbeamte zurück.

Eine Hand wäscht die andere

Der Dorfarzt, der selten in der Kirche zu sehen ist, kommt zu seinem 60. Geburtstag zur Beichte. Nach der langen Beichte meint der Arzt: „Langsam mache ich mir doch Gedanken, ob ich mit meinen Sünden nicht in der Hölle lande. Können Sie nicht ein Wort für mich einlegen?"

Der Pfarrer meint: „Ich will tun, was ich kann, aber unter einer Bedingung: Sie tun dafür alles, dass ich nicht zu schnell in den Himmel komme."

Himmel trifft Hölle

Ein Mann kommt nach seinem Tod zu seiner eigenen Verwunderung in den Himmel. Doch am zweiten Tag kommt plötzlich ein Teufel vorbei und peitscht ihn aus.

Ruft der Mann: „Hey, das kannst du doch nicht machen, ich bin hier doch im Himmel!"

Darauf der Teufel: „Ha, denkst du! Wir haben jetzt das integrierte Gesamtjenseits."

Typisch schottisch

Ein Tourist liest auf einem schottischen Friedhof die Grabinschriften: Hier ruht Billy Gray, ein fleißiger Mensch und ein guter Vater.

„Typisch schottisch", murmelt der Tourist, „drei Mann in einem Grab!"

Zum Leben zu wenig, zum Sterben zu viel

Ein irischer Auswanderer schreibt nach Hause: „Ich verdiene als Straßenkehrer nur 15 Dollar in der Woche. Kann ich damit ein christliches Leben führen?"

Der Vater schreibt aus Irland zurück: „Lieber Sohn, es ist sogar das einzige Leben, was du damit führen kannst!"

Glauben fünf!

Bei der Religionsprüfung. Der Kandidat kann alle Fragen perfekt beantworten und weiß auch darüber hinaus noch einiges. Die Kommission staunt und will den Prüfling hereinholen, als die Mitglieder sehen, dass der Religionslehrer eine Fünf in das Protokoll geschrieben hat.

„Aber er hat doch alles gewusst!", rufen sie erstaunt.

„Tja, das stimmt", meint darauf verdrießlich der Lehrer, „er weiß alles, aber er glaubt es nicht."

Vorsichtsmaßnahme

In einem italienischen Ristorante bestellt ein Monsignore ein Menü, bindet sich die Serviette aber auf den Rücken. Der Ober kommt und ist verwundert: „Aber Padre, warum haben Sie denn Ihre Serviette auf dem Rücken?"

„Da drüben sitzen Deutsche, mein Sohn, und die essen Spaghetti!"

Die Sünden der Väter

„Wer kann mir erklären, was das Schriftwort bedeutet: ‚Die Sünden der Väter rächen sich an den Kindern'?", möchte der Pfarrer gerne von der Klasse wissen.

„Ich kann mir das gut vorstellen", antwortet Michael, „wenn mein Vater bei meinen Schularbeiten Fehler macht, bekomme ich die Strafe des Lehrers ab!"

Pantoffelheld

Im Himmel gibt es zwei Eingänge. Der eine, dort müssen die Männer hinein, die immer getan haben, was ihre Frau ihnen gesagt hat – vor dieser Tür steht eine lange Schlange. Und die andere Tür: dort dürfen die Männer hinein, die nicht das gemacht haben, was ihre Frauen gesagt haben. Diese Tür ist schon ganz rostig.

Als Petrus eines Morgens aus dem Fenster schaut, sieht er doch tatsächlich einen Mann vor der verlassenen Tür stehen. „Hör mal", ruft ihm Petrus zu, „du willst mir doch nicht weismachen, dass du der einzige Mann bist, der nicht gemacht hat, was seine Frau sagt. Stell dich mal schön drüben an der Schlange an!" – „Aber, meine Frau hat gesagt, ich soll mich hier anstellen!"

Grund zum Beten

Auf einem Kreuzer auf hoher See stellt ein Seekadett mit dem Sextanten die Position des Schiffes fest und meldet das Resultat. Darauf geht der Kapitän in die Knie, nimmt die Mütze ab und beginnt ein Gebet zu sprechen.

„Aber, Herr Kapitän", sagt der junge Mann, „seit wann ist es denn Brauch, bei der Marine zu beten, wenn das Besteck gemacht ist?"

„Sie haben übersehen", gibt der Kapitän zurück, „dass wir uns nach Ihrer Berechnung im Kölner Dom befinden …"

Schwacher Trost

Ein Delinquent wird vom Pfarrer zum Galgen begleitet. Es regnet in Strömen, der Pfarrer hält den Schirm.

Gefangener: „So ein Sauwetter, Herr Pfarrer …"

Pfarrer: „Sie haben's gut, Sie müssen nur hin – ich muss auch wieder zurück …"

Der 7. Sinn

In einem siebenbürgischen Dorf sollte der altbewährte Lehrer nach dem Wunsch der Gemeinde zum Prediger erhoben werden. Dieses Amt verlange keine höhere theologische Bildung, aber doch Bibelkenntnis und einiges elementares Wissen.

Der Bischof Daniel Graesser nahm die Prüfung vor, und die Prüfung ging schief. Schon wollte der gereizte und für seinen scharfen Witz bekannte Oberhirte das Examen abbrechen. Er stellte noch eine letzte ironische Frage:

„Können Sie mir vielleicht noch das XI. Gebot nennen?"

„O ja", rief der Prüfling mit dem Mute der Verzweiflung: „Du sollst mit dem Armen nicht deinen Spott haben."

Prüfung und Prüfling waren gerettet.

Katholischer als der Papst

Während des spanischen Bürgerkrieges versucht ein protestantischer Pfarrer einen katalanischen Anarchisten zu bekehren.

„Geben Sie sich keine Mühe", bekommt er zur Antwort. „Ich glaube ja nicht einmal an die einzig wahre Religion – wie sollte ich dann an Ihre glauben?"

Lieber rechtzeitig

Im Bibelunterricht wird die Geschichte von König Davids ungehorsamem Sohn Abschalom erzählt, der mit seinen langen Haaren im Geäst eines Baumes hängen blieb und dann von den Soldaten getötet wurde.

„Was wollen wir aus dieser Geschichte lernen?", will der Kaplan schließlich wissen.

Torsten meint: „Dass wir rechtzeitig zum Friseur gehen müssen."

Vernichtendes Urteil

Eine theologische Doktorarbeit liegt zur Bewertung vor. Der Gutachter schreibt dazu:

„Das wenige Zusammenhängende dieses Werkes haben wir dem Buchbinder zu verdanken!"

Alles ist relativ

Zwei Freunde befinden sich in den Schweizer Alpen auf einer Wanderung. Als ihn ein Vogelkot mitten auf den Kopf trifft, sagt der eine laut zu sich: „Schön hat der liebe Gott die Welt eingerichtet."

Kurze Zeit später tritt er mitten in einen Kuhfladen. „Schön hat der liebe Gott die Welt eingerichtet", sagt er darauf wieder.

„Was meinst du damit eigentlich?", fragt ihn sein Wandergefährte.

„Stell dir vor, statt der Vögel könnten die Kühe fliegen …"

Ursache und Wirkung
Der Theologieprofessor fragt die Studenten: „Können Sie mir einen Fall nennen, wo die Ursache hinter der Wirkung kommt?" Schweigen.
Die Erklärung lautet: „Ein Arzt geht hinter dem Sarg seines Patienten."

Kollekte auf Schottisch
Der neue Pfarrer in einer schottischen Kirche lässt einen Korb für die Kollekte herumgehen. Als der Korb wieder beim Pfarrer ankommt, ist er immer noch leer. Da wendet sich der Pfarrer zum Altar und kniet nieder: „Lieber Gott, ich danke dir, dass wenigstens der Korb noch zurückgekommen ist."

Ist doch klar!
„Wer von euch kann sich denken, warum das Opferkörbchen bei der Gabenbereitung herumgereicht wird?", möchte der Pfarrer von der Klasse wissen.
Daniela meldet sich: „Weil viele Leute erst nach Ihrer Predigt zur Kirche kommen!"

Beredtes Schweigen
Der Kaplan kommt in die Reparaturwerkstatt, um sein sehr betagtes Auto abzuholen: „Na, Meister, haben Sie sich den Wagen mal gründlich angesehen?"
„Hab' ich", stöhnt der Meister. „An dem Karren gibt es nur ein Stück, was kein Geräusch macht – und das ist die Hupe!"

Zuviel der Gnade!

Dem Präses einer evangelischen Landeskirche macht ein junger Pfarrer, der für seine schneidige Art im Umgang mit dem Auto bekannt ist, das Angebot, mit ihm den Heimweg zurückzulegen.

„Herzlichen Dank, lieber Bruder", wehrt der Präses ab, „offen gestanden, mit Ihnen fühle ich mich zu sehr in Gottes Hand!"

Eindeutiger Beweis

Ein evangelischer und ein katholischer Pfarrer besuchen gemeinsam in Trier den Dom: „Der Heilige Rock ist nicht echt", lästert der evangelische Pfarrer, „da sieht man ja noch das Etikett von Neckermann."

„Und er ist doch echt, lieber Bruder in Christo", gibt der katholische verschmitzt zurück: „Die Einladungskarten zur Hochzeit zu Kana sind in der Tasche gefunden worden."

Namenspatron

Der Pfarrer erklärt den Kindern, dass sie sich ihren Namenspatron zum Vorbild nehmen sollten.

„Wer war denn eigentlich mein Namenspatron?", interessiert sich der kleine Gregor.

„Er war ein großer Papst", erläutert der Pfarrer.

„Gut", ist Gregor entschlossen, „dann werde ich auch Papst."

Frohe Botschaft:
Gereimtes und Geschichten zum
Schmunzeln

Die Prinzessin und das Schatzkästchen

Es lebte eine unglückliche Prinzessin in einem entlegenen Schlosse. Ganz in der Nähe wohnte ein kleiner Hirtenjunge. Er war mit sich und der Welt zufrieden und sehr glücklich. Eines Tages traf dieser Hirtenjunge einen Zwerg. Der fragte ihn: „Du kennst doch die Prinzessin. Sie ist sehr unglücklich. Möchtest du ihr nicht helfen, wieder lebensfroh zu werden?"

Der Hirtenjunge sagte, gewiss wolle er der Prinzessin helfen, aber er wisse nicht, wie er es anstellen solle. Da gab ihm der Zwerg ein kleines leeres Schatzkästchen und zeigte ihm, wie er damit umgehen müsse.

Da zog der kleine Hirtenjunge mit seinem leeren Kästchen in die weite Welt hinaus. Unterwegs traf er als Erstes ein Vögelchen, und sein Gesang war so schön, dass er das kleine Tier fragte, ob es ihm seinen Gesang schenken würde. Er wolle damit eine unglückliche Prinzessin erfreuen. Da gab das Vögelchen ein Stückchen seines Gesanges dem kleinen Hirtenbuben; es war nur eine kleine Melodie, aber der Junge bewahrte sie wie etwas Kostbares in seinem Schatzkästchen auf.

Später traf er eine Quelle. Beim Wasserschöpfen bemerkte er, dass auch sie schön zu singen verstand. Und so bat der Hirtenjunge die Quelle, ihm ein Stückchen von ihrem Gesang zu schenken, damit er die unglückliche Prinzessin damit wieder froh machen könne. So geschah es.

Schließlich traf der Hirtenjunge eine Grille. Auch ihr Gesang war schön, und wiederum bettelte er um ein Stückchen für seine unglückliche Prinzessin. So füllte sich das Schatzkästchen mit wunderschönen Melodien.

Er erzählte seine Geschichte auch dem Wind, der Muschel und der Glocke. Und alle drei waren willens, ihm ein Stückchen ihrer Melodie zu überlassen.

Glücklich über seine gesammelten Melodien, kehrte er schließlich zum Schloss der unglücklichen Prinzessin zurück. Die Pagen sahen ihn schon von Weitem kommen, und sie tuschelten untereinander und fragten sich, was er wohl in seinem Kästchen verberge. Sie schimpften ihn einen dummen Jungen, einen kleinen Gernegroß, der sich einbilde, die Traurigkeit der Prinzessin zu verscheuchen. Aber der Hirtenjunge hörte nicht auf das dumme Gerede der Leute am Hof. Fest hielt er sein Schatzkästchen umklammert.

So betrat er den Saal, in dem sich die unglückliche Prinzessin befand. Und als er das Kästchen langsam öffnete, kullerten die Töne und Gesänge und Melodien heraus. Sie tanzten lustig durch die Luft, fügten sich zu einem Lied zusammen und hallten immer lauter durch die Gemächer. Die Prinzessin erschrak und war nahe daran wegzulaufen. Doch je länger sie zögerte, umso mehr war sie von den wunderschönen Melodien angetan. Auf einmal huschte ein leises Lächeln über ihr Gesicht. Sie klatschte in die Hände, fing an zu wippen und am Ende gar zu tanzen.

Als die Leute am Hof das sahen, fingen auch sie an zu lachen und sich zu freuen. Bald tanzten auch sie mit. Danach fing die ganze Welt an zu singen und zu tanzen.

So ist es bis heute geblieben. Wo immer man die Melodien des Hirtenjungen hört, beginnen Menschen, Tiere und Pflanzen zu tanzen. Ja, selbst die Sterne stimmen ein in den ewigen Tanz der Dinge …

NACH EINEM MÄRCHEN AUS BRASILIEN

Der Wettstreit

Der Kuckuck und der Esel,
die hatten einen Streit,
wer wohl am schönsten sänge,
zur schönen Maienzeit.

Der Kuckuck sprach: „Das kann ich!"
und fing gleich an zu schrein.
„Ich aber kann es besser",
fiel gleich der Esel ein.

Das klang so schön und lieblich,
so schön von fern und nah.
Sie sangen alle beide:
kuckuck, kuckuck, iah!

HEINRICH HOFFMANN VON FALLERSLEBEN

Die gute Taube

Es war ein warmer Sommertag. Auf einem Baum saß eine Taube und gurrte zufrieden. Plötzlich fiel ihr Blick auf ein Häschen, das still vor sich hin weinte. Voll Mitleid fragte die Taube:

„Warum bist du so traurig, Häschen?"

„Ach, Taube, ich bin so hungrig! Und ich habe solchen Appetit auf zarte, junge, saftige Karotten."

„Warum isst du keine Karotten, Häschen?", fragte die Taube.

„Ach weißt du", jammerte das Häschen, „mein Herr ist ein großer Geizhals. Er hat einen ganzen Korb voll wunderbarer Karotten. Aber er hat mir keine gegeben. Denk dir nur, er hat den Korb in seinem Haus an die Decke gehängt, damit ich ihn nicht erreichen kann. So ein Geizhals ist mein Herr."

Die Taube, die ein gutes Herz hatte, überlegte einen Augenblick, dann sagte sie: „Zeig mir den Korb, Häschen! Ich will sehen, ob es nicht einen Weg gibt, dir zu helfen."

Da hoppelte das Häschen davon und die Taube flog hinter ihm her, direkt in das Haus des Geizhalses. Dort hing, so wie das Häschen gesagt hatte, ein Korb mit wunderbaren Karotten an der Decke.

Die kluge Taube flog auf den Korb, setzte sich auf eine Seite, sodass der Korb ein wenig kippte und ein paar Karotten herausfielen. Unter dem Korb saß das Häschen und begann gierig die Karotten zu fressen. Vor Aufregung zitterte es am ganzen Körper.

Als das Häschen die Karotten aufgefressen hatte, brachte die Taube den Korb noch mal zum Kippen. Wieder fielen

Karotten zu dem Häschen hinunter. So ging das eine ganze Weile. Schließlich fragte die gute Taube: „Bist du nun satt, Häschen?"

„Ja", antwortete das Häschen, „und ich danke dir."

Da flog die Taube auf und kehrte zu ihrem Baum zurück. Das Häschen aber dachte: Es ist gut, in schlechten Zeiten einen echten Freund zu haben!

MÄRCHEN

Möwenlied

Die Möwen sehen alle aus,
als ob sie Emma hießen.
Sie tragen einen weißen Flaus
und sind mit Schrot zu schießen.

Ich schieße keine Möwe tot,
ich lass sie lieber leben –
und füttre sie mit Roggenbrot
und rötlichen Zibeben.

O Mensch, du wirst nie nebenbei
der Möwe Flug erreichen.
Wofern du Emma heißest, sei
zufrieden, ihr zu gleichen.

CHRISTIAN MORGENSTERN

(Zibebe = große Rosine)

Der Spatz und der Himmel

Eine Taube flog ihres Weges, als sie plötzlich mitten auf einem Feldweg einen Spatz sah. Das Ungewöhnliche an diesem Spatz war, dass der Spatz ganz still auf dem Rücken lag und seine Beine starr gegen den Himmel streckte. Die Taube ließ sich neben dem Spatz nieder und fragte ihn: „Was machst du da?", denn normalerweise liegen Spatzen nicht auf dem Rücken, sondern sitzen auf Zweigen oder fliegen umher.

Der Spatz erwiderte: „Lass mich in Ruhe, ich muss mich konzentrieren, ich habe eine sehr wichtige Aufgabe zu erfüllen!"

Die Taube ließ sich aber nicht abwimmeln: „Was kann das schon für eine wichtige Aufgabe sein, bei der du auf dem Rücken liegst und deine winzigen Beine gegen den Himmel streckst?"

Der Spatz antwortete: „Ja, hast du es denn noch nicht gehört: Heute wird der Himmel einstürzen und ich strecke meine Beine gegen den Himmel, um den Einsturz zu verhindern. Wenn ich das nicht tue, wird er garantiert einstürzen."

Die Taube lachte. Plötzlich aber raschelte es laut in einem Gebüsch in der Nähe. Dadurch erschreckt, vergaß der Spatz für einen Augenblick seine so wichtige Aufgabe und flatterte davon.

Und – o Wunder, der Himmel stürzte nicht ein, sondern blieb, wo er war.

ÜBERLIEFERT

Das Lied von der Hochseekuh

Zwölf Tonnen wiegt die Hochseekuh,
sie lebt am Meeresgrunde.
Sie ist so dumm wie ich und du
und läuft zehn Knoten in der Stunde.

Sie taucht auch manchmal aus dem Meer
und wedelt mit dem Schweife.
Und dann bedeckt sich ringsumher
das Meer mit Schaum von Seife.

Die Kuh hat einen Sonnenstich
und riecht nach Zimt und Nelken.
Und unter Wasser kann sie sich
mit ihren Hufen melken.

JOACHIM RINGELNATZ

Klare Rechnung

Kürzlich entdeckte ein Historiker aus Stockholm in einer schwedischen Landkirche verschnörkelte Eintragungen aus dem Jahre 1795, Die säuberlich notierten Aufzeichnungen zeugen sowohl für den gesunden Humor des Künstlers als auch für den Ernst des biederen Sekretärs, der sie mit gewichtigem Amtssiegel versah und im Kirchenarchiv registrierte:

1. Das zweite Gebot verändert
   sowie die Zehn Gebote lackiert: 3 Kr.
2. Pontius Pilatus verputzt, neues Pelzwerk
   auf seinen Kragen gesetzt und ihn von allen
   Seiten neu poliert: 8 Kr.
3. Den Himmel erweitert und verschiedene
   neue Sterne eingesetzt, das ewige Höllenfeuer
   verbessert und dem Teufel ein vernünftigeres
   Gesicht aufgesetzt: 15 Kr.
4. Die klugen Jungfrauen gereinigt sowie sie
   da und dort hübscher angestrichen, damit
   sie wieder zur Geltung kommen: 10 Kr.
5. Den Weg zum Himmel deutlicher markiert,
   da man ihn zuvor kaum mehr gesehen
   hat: 1 Kr.
6. Die hl. Magdalena vergoldet, sie etwas
   verändert und ihr den Hals vom Schmutz
   gereinigt: 5 Kr.
7. Johannes dem Täufer einen neuen Stab
   geschnitzt und in die Hand gedrückt,
   da er umzufallen drohte: 4 Kr.

8. Das Rote Meer vom Fliegenschmutz
   gereinigt: 2 Kr.
9. Die pausbackigen Engel über der Orgel
   mit neuen Windeln versehen und ihre Haare
   neu vergoldet: 8 Kr.
10. Das Ende der Welt weiter zurückgestellt,
    da es viel zu nah war: 20 Kr.
    Summa summarum: 76 Kr.

Der Kürbis und die Eichel

Ein Bauer lag im Schatten einer Eiche. Er betrachtete eine
Kürbisstaude, die am nächsten Gartenzaun emporwuchs.
Da schüttelte er den Kopf und sagte: „Das gefällt mir
nicht, dass die kleine Staude eine so große Frucht trägt,
der große Eichbaum aber nur so kleine Früchte hervor-
bringt. Wenn ich die Welt geschaffen hätte, dann hätte der
Eichbaum lauter große Kürbisse tragen müssen!"
Plötzlich fiel aus dem Gipfel des Baumes eine Eichel
auf seine Nase, dass sie blutete. „Oh weh", sagte der er-
schrockene Mann, „wenn diese Eichel ein Kürbis gewesen
wäre!"

ÜBERLIEFERTE GESCHICHTE

141

Petrus und Pilatus auf der Reise

Pilatus wollte wandern,
sprach Petrus.
Von einer Stadt zur andern,
sagt Pilatus.
Jetzt kommen wir vor ein Wirtshaus,
sprach Petrus.
Frau Wirtin schenkt uns Wein heraus,
sagt Pilatus.
Womit willst du ihn bezahlen?,
sprach Petrus.
Ich hab noch einen Taler,
sagt Pilatus.
Wo hast du dann den Taler bekommen?,
sprach Petrus.
Ich hab ihn den Bauern genommen,
sprach Pilatus.
Jetzt hast du keinen Segen,
sprach Petrus.
Daran ist nichts gelegen,
sprach Pilatus.
Jetzt kommst du nicht in'n Himmel ein,
sprach Petrus.
So reit ich auf einem Schimmel hinein,
sprach Pilatus.
So fällst du herunter und brichst ein Bein,
sprach Petrus.
So rutsch ich auf dem Hintern hinein,
sprach Pilatus.

AUS „DES KNABEN WUNDERHORN"

Teuer bezahlt

Nachdem der Frankenkönig Chlodwig über die Westgoten gesiegt hatte, ging er zum Grab des heiligen Martin und dankte für seinen Triumph. Dabei brachte er sein Lieblingspferd als Geschenk dar.

Am nächsten Tag reute es ihn und er versuchte, sein Pferd zurückzubekommen. Er bot den Mönchen, die das Grab betreuten, 50 Silbermark an.

Die Mönche gaben ihm aber Bescheid, dass der heilige Martin nicht erlaube, das Pferd zurückzugeben. Da erhöhte Chlodwig die Summe auf 75 und bekam das Pferd zurück.

Der König, der erst vor Kurzem getauft worden war, wunderte sich: „Der heilige Martin dient seinen Freunden gut, aber er lässt sich den Dienst auch teuer bezahlen."

Im Paradiese

Es legte Adam sich im Paradiese schlafen;
da ward aus ihm das Weib geschaffen.
Du armer Vater Adam, du!
Dein erster Schlaf war deine letzte Ruh'.

MATTHIAS CLAUDIUS

Fromme Grüße

Bei einem seiner ersten Kanzelauftritte kam der Theologe und Aufklärer Karl Friedrich Bahrdt in Verlegenheit, weil ihm die Predigt nicht mehr einfallen wollte. So sagte er zuerst: „Der Herr sei mit euch! Jesus Christus lässt euch grüßen!", und hoffte, dass ihm die Worte wieder einfallen würden. Aber es geschah nicht.

So sagte er noch einmal: „Jesus Christus lässt euch grüßen!", diesmal etwas leiser. Er blickte voller Angst auf die Gemeinde hernieder, um noch eine Eingebung zu empfangen, aber vergeblich.

So sagte er, weil ihm nichts Besseres einfiel, noch einmal mit dumpfer Stimme: „Jesus Christus lässt euch grüßen!"

Da stand der Kirchenvorsteher auf und sagte mit frommer Inbrunst: „Herr Pfarrer, die Gemeinde dankt. Grüßen Sie zurück!"

Pietätvoll?

1954 starb im Alter von nur 50 Jahren Bundestagspräsident Hermann Ehlers, ein evangelischer Vertreter der CDU. Er wurde im Heimatort seiner Eltern, in Sülze bei Celle, beerdigt. Die Deutsche Presseagentur titelte daraufhin: „Ehlers in Sülze beigesetzt".

Als Konrad Adenauer dies las, sagte er: „Mein Gott, sehr pietätvoll ist die dpa auch nicht!"

Der Frosch und der Ochse

Ein Frosch sah einen Ochsen auf der Wiese und dachte bei sich: „Wenn ich meine runzlige Haut tüchtig aufblase, so kann ich wohl auch so groß werden wie dieser Ochse." Und er fing an, sich aufzublähen, so stark er nur konnte, und fragte seine Brüder: „Nun, was meint ihr, bin ich bald so groß wie der Ochse?"
Aber sie lachten ihn aus. Da blies er sich noch stärker auf und fragte abermals: „Wie nun?"
Doch sie riefen lachend: „Nein, noch lange nicht."
„Dann will ich's euch zeigen!", schrie er erbost und blies sich so heftig auf, dass er platzte.

KARL SIMROCK

Arbeitseifer

In Bern musste einmal das Zifferblatt der Kirchturmsuhr ausgebessert werden. Man baute ein Gerüst und ein Maler wurde beauftragt. Der Pfarrer ging dann und wann nachschauen, wie weit die Arbeit gediehen sei.
Als er nach einer Woche noch keinerlei Veränderungen feststellen konnte, wollte er der Sache auf den Grund gehen und kletterte das Gerüst hinauf. Beim Maler angekommen, fragte er diesen, wieso noch nichts getan sei an dem Zifferblatt:
„Jaaa", gab dieser sehr bedächtig zur Antwort, „schauen Sie, Hochwürden, immerrr, wenn ichch den Pinsel ansetze, da schlägt der kleine Zeiger mir den Pinsel aus der Hand!"

So nicht

Ums Paradies ging eine Mauer,
hübsch hoch vom besten Marmelstein.
Der Kain, als Bub, ein schlauer,
denkt sich: Ich komme doch hinein.

Er stieg hinauf zu diesem Zwecke
an einer Leiter mäuschenstumm.
Da schlich der Teufel um die Ecke
und stieß ihn samt der Leiter um.

Der Vater Adam, der's gesehen,
sprach, während er ihn liegen ließ:
„Du Schlingel! Dir ist recht geschehen.
So kommt man nicht ins Paradies."

WILHELM BUSCH

Allwissender

Eine Frage der öffentlichen Meinungsforschung lautete:
„Glauben Sie an die Existenz eines allwissenden Wesens?"
Eine Frau antwortete: „Was, ob ich das glaube? Ich bin mit
so einem Wesen verheiratet!"

Wunder brauchen Zeit

In einem Dorf lebte ein Bauer, der für seine Ungeduld bekannt war. Er säte Korn auf seinen Acker und sah jeden Tag nach, ob das Korn schon gewachsen war. Immer war er sehr enttäuscht, dass noch nichts zu sehen war.

Nach einiger Zeit kamen die ersten grünen Halme hervor. Aber dem Bauern ging das immer noch zu langsam. Da hatte er eine Idee: Er ging auf sein Feld und zog an jedem Halm. Er dachte, dass die Halme so bestimmt schneller wachsen würden.

Doch als er am nächsten Morgen auf sein Feld kam, war er sehr enttäuscht: Alle Halme waren vertrocknet. Und noch lange lachte man im Dorf über den Mann, der nicht warten konnte.

AUS CHINA

Preisvergleich

In Castel Gandolfo, der Sommerresidenz des Papstes, ließ sich Johannes Paul II. einen Swimmingpool bauen. Der Arzt hatte ihm aus gesundheitlichen Gründen Schwimmen empfohlen.

Die Beamten im Vatikan fürchteten die Skandalpresse: der Papst in Badehosen! Und überhaupt, die Kosten für solch einen Luxus!

Johannes Paul winkte ab: „Rechnet aus, was ein neues Konklave kostet, und dann vergleicht!"

Ein Hund lief in die Küche

Ein Hund lief in die Küche
und stahl dem Koch ein Ei.
Da nahm der Koch den Löffel
und schlug den Hund entzwei.

Da kamen viele Hunde
und trugen ihn zu Grab
und setzten einen Grabstein,
worauf geschrieben ward:

Ein Hund lief in die Küche
und stahl dem Koch ein Ei …

Und jetzt wieder von vorn.

ÜBERLIEFERT

Kurz und gut

Eines Tages fragt der Rabbi: „Wieso bist du so schnell mit dem Beten fertig, es ziemt sich, längere Zeit mit Gott zu sprechen."
Herschl von Ostropol, der berühmte Spaßmacher, sagt: „Was wundert Ihr Ejch, Rebbe? Ihr misst Gott fier so vieles danken: fier Eier Gold, dos Silber, fier Eier scheenes großes Haus, die wertvollen Teppiche und die scheenen Meebel, fier Schmuck und Edelsteine, fier die edlen Pferde und die Ländereien, fier Eire junge Frau und die vie-

len Bediensteten und so weiter … Bis Ihr dos olles hobt aufgezählt, is der holbe Tog vergangen. – Für was soll ich aber danken? A altes Weib, a paar hungrige Kinder, eine magere Ziege – schon bin ich fertig!"

Kniefall

Der französische Sozialistenführer Albert Thomas weilte 1931 anlässlich eines internationalen Kongresses in Rom. Er wollte an einer Audienz des Papstes teilnehmen, wollte aber nicht – nach den Gepflogenheiten – vor dem Papst niederknien. Deshalb ließ er sich ein Attest ausschreiben, dass eine alte Verletzung ihn am Knien hindere.

Papst Pius XI. gewährte die Audienz, die aber statt der üblichen fünf Minuten eine Dreiviertelstunde dauerte. Beschämt von der Zuwendung des Papstes, entschuldigte sich der Politiker, dass er den Papst so lange aufgehalten hätte.

Pius aber erwiderte: „Ich bin der Vater aller Kinder der Kirche und empfange alle mit der gleichen Liebe."

Albert Thomas beugte darauf gerührt seine Knie und küsste den Ring des Papstes.

Mit einem feinen Lächeln bemerkte darauf der Papst: „Ich danke Gott von Herzen, dass Ihre Knieverletzung nun so vollständig geheilt ist."

Freu dich!

Freu dich über jede Stunde,
die du lebst auf dieser Welt.
Freu dich, dass die Sonne aufgeht
und auch, dass der Regen fällt!

Freu dich an jedem Morgen,
dass ein neuer Tag beginnt.
Freu dich an den Frühlingsblumen
und auch am kalten Winterwind!

Freu dich an jedem Abend,
dass du ein Zuhause hast.
Freu dich an den schönen Stunden
und vergiss die laute Hast!

ÜBERLIEFERT

Allmacht

Papst Leo XIII. feierte seinen 90. Geburtstag in sehr guter
Verfassung. Einer der Kardinäle gratulierte und sagte:
„Heiligkeit, ich bete darum, dass Sie noch den 100. Ge-
burtstag feiern können."
Darauf antwortete der Jubilar: „Lieber Herr Kardinal, wir
sollten Gottes Allmacht nicht begrenzen!"

Mühselige Änderung

Offizielle Mitteilungen des Heiligen Stuhls, beispielsweise Bischofsernennungen, wurden im „Osservatore" immer mit der Formel eingeleitet: „Die Heiligkeit Unseres Herrn hat sich gütigst herabgelassen …"

Papst Pauls VI. Feldzug gegen diese Floskeln dauerte vier Jahre. Im ersten Jahr wurde „Die Heiligkeit Unseres Herrn" durch „Seine Heiligkeit, der Papst" ersetzt, der Rest blieb.

Im zweiten Jahr wurde „gütigst" gestrichen, die Herablassung blieb.

Im dritten Jahr ließ sich der Papst auch nicht mehr herab. Im vierten Jahr endlich hat sich der „Osservatore" dazu durchgerungen, der päpstlichen Anweisung ganz Folge zu leisten und schlicht zu schreiben: „Der Heilige Vater hat …"

Die goldene Mitte

In einem jüdischen Stetl gab es in einer Gasse ein Haus mit drei Schuhgeschäften. Natürlich hatten alle drei nur einen kümmerlichen Umsatz. Was tun?

Eines Tages hing vor dem ersten Laden ein Schild: „Verkauf von hochmodernem Schuhwerk". Als der Besitzer des zweiten Schuhgeschäfts das sah, ließ er sich ebenfalls ein Reklameschild anfertigen: „Importschuhe, besonders preiswert".

Am nächsten Tag prangte über der Tür des dritten Ladens ein großes Schild mit der Aufschrift: „Haupteingang".

Das Leben ist herrlich

Zu einem alten Rabbi kam ein Mann und klagte: „Rabbi, mein Leben ist nicht mehr erträglich. Wir wohnen zu sechst in einem einzigen Raum. Was soll ich machen?"

Der Rabbi antwortete: „Nimm deinen Ziegenbock mit ins Zimmer!"

Der Mann glaubte, nicht recht gehört zu haben. „Den Ziegenbock mit ins Zimmer?"

„Tu, was ich dir gesagt habe", entgegnete der Rabbi, „und komm nach einer Woche wieder!"

Nach einer Woche kam der Mann wieder, total am Ende. „Wir können es nicht mehr aushalten, der Bock stinkt fürchterlich!"

Der Rabbi sagte zu ihm: „Geh nach Hause und stell den Bock wieder in den Stall! Dann komm nach einer Woche wieder!"

Die Woche verging. Als der Mann zurückkam, strahlte er dankbar über das ganze Gesicht: „Das Leben ist herrlich, Rabbi. Wir genießen jede Minute. Kein Ziegenbock – nur wir sechs."

RABBINISCHE GESCHICHTE

Großvaters Bart

Der kleine Emil ist auf Besuch bei seinem Großvater. Der alte Herr versteht es großartig, mit seinem Enkel umzugehen, und dieser wieder hängt mit großer Liebe an seinem Großvater, und alles, was dieser macht und tut, findet die Bewunderung des kleinen Mannes.

Schon das Äußere des Großvaters ist ihm bewundernswert – besonders der lange graue Bart, der ihm bis auf die Brust herabhängt, und die große blanke, wie ein Vollmond schimmernde Glatze.

Als nun der kleine Emil wieder einmal zwischen den Knien seines im Klubsessel ruhenden Großvaters steht, fragt er: „Großvater, sag, bist du auch einmal ein kleiner Junge gewesen?"

„Aber freilich", sagt der Großvater, „freilich bin ich auch einmal ein kleiner Junge gewesen, so klein wie du – und noch kleiner!"

Da klatscht Emil vor Freude und Vergnügen in die Hände und ruft mit Lachen: „Aber Großvater, musst du komisch ausgesehen haben – mit deiner Glatze und deinem langen Bart!"

VOLKSGUT

Unmöglich

Der große Maler Michelangelo war dabei, das „Jüngste Gericht" in der Sixtinischen Kapelle zu vollenden, als ihm zu Ohren kam, dass der päpstliche Zeremonienmeister Biagio sich vor hohen Würdenträgern abfällig über das Werk geäußert hatte.

Der Meister rächte sich, indem er einem der Verdammten, der gerade von den Teufeln in den Feuerschlund geschleppt wird, die Gesichtszüge Biagios und – Eselsohren verlieh.

Wütend eilte der hohe Herr zu Papst Paul III. und verlangte, dass die Stelle übermalt werden solle. Der Papst entgegnete:

„Lieber Biagio, Ihr wisst, dass ich auf Erden binden und lösen kann, aber auf die Hölle erstreckt sich meine Macht leider nicht. Wenn Euch Michelangelo in die Hölle verbannt hat, so kann ich Euch nimmermehr daraus befreien."

Die Grabinschrift eines Dorfschullehrers

Einst führte er die Jugend
zu Gottes Furcht und Tugend,
versohlte auch den Hintern
den ungezognen Kindern
und zog daraus mit Not
sein kärglich Stückchen Brot!

Von der Stadtmaus und der Feldmaus

Eines Tages ging eine Stadtmaus spazieren und kam zu einer Feldmaus. Die Feldmaus bot ihrer Besucherin zu essen an: Eicheln, Gerstenkörner, Nüsse und was sie sonst noch hatte.

Die Stadtmaus sagte: „Was willst du hier so arm leben? Komm mit mir in die Stadt! Ich will uns von den schönsten Speisen besorgen, die es nur gibt."

Die Feldmaus ging mit der Stadtmaus in die Stadt. Sie kamen zu einem herrlich schönen Haus, in dem die Stadtmaus wohnte. Dort gingen sie in den Keller, der voll war mit Fleisch, Speck, Würsten, Brot, Käse und vielen anderen köstlichen Dingen. Da sprach die Stadtmaus zur Feldmaus: „Nun iss und sei fröhlich! Solche Speisen habe ich jeden Tag – so viel ich will."

Da kam plötzlich der Hausmeister und rumpelte mit den Schlüsseln an der Kellertür. Die Mäuse erschraken und liefen eiligst davon.

Die Stadtmaus war sofort in ihrem Loch. Aber die Feldmaus wusste nicht, wohin. Sie lief an der Kellerwand hin und her. Sie hatte große Angst. Sie glaubte, dass sie nun sterben müsse.

Als nach einer Weile der Hausmeister wieder draußen war, sprach die Stadtmaus: „Jetzt ist die Gefahr vorbei. Lass uns wieder froh und vergnügt sein!"

Die Feldmaus antwortete: „Du hast gut reden. Du warst sofort in deinem Loch, als der Hausmeister kam. Ich wäre fast vor Angst gestorben. Ich will dir sagen, was ich denke. Bleib du eine Stadtmaus und friss Würste und Speck! Ich will ein armes Feldmäuslein bleiben und meine Eicheln fressen. Du musst jeden Augenblick Angst haben vor dem Hausmeister, vor den Katzen, vor den vielen Mäusefallen; alle Leute im Haus haben etwas gegen dich. Von alledem bin ich frei. Ich bin ganz sicher in meinem armen Feldlöchlein."

Ja, so ist es: Wer reich ist, der hat viele Sorgen.

MARTIN LUTHER

Die zwei Wurzeln

Zwei Tannenwurzeln, groß und alt,
unterhalten sich im Wald.

Was droben in den Wipfeln rauscht,
das wird hier unten ausgetauscht.

Ein altes Eichhorn sitzt dabei
und strickt wohl Strümpfe für die zwei.

Die eine sagt: knig, die andere sagt: knag.
Das ist genug für einen Tag.

CHRISTIAN MORGENSTERN

Der Fuchs und die Meise

Eines Morgens saß der Meisenvater fröhlich zwitschernd in seinem Nest. Das hatte der Fuchs gesehen. Er schlich sich leise hinzu.

„Ei, guten Tag, wie geht es dir?", unterbrach er den lustigen Sänger.

„Guten Tag, lieber Fuchs", antwortete der Meisenvater, „mir geht es sehr gut."

„Oh", sagte der schlaue Fuchs, „ich möchte dich so gern einmal küssen!"

„Gern", gab der Meiserich zur Antwort, „aber ich fürchte mich immer so, wenn ich in deine grünen Augen schauen muss."

„Ich will sie gern schließen", antwortete der Fuchs.

Als er sie nun geschlossen hatte, hüpfte der Meisenpapa flink den Baum hinunter. Unter dem nahen Busch holte er sich eine Brennnessel und berührte damit sachte die Schnauze des Fuchses.

Der meinte, es wäre die Meise, und schnappte hastig zu. Das bekam dem Fuchs schlecht, denn er kriegte die Brennnessel in den Rachen. Nun prustete er in einem fort. Der schlaue Meisenpapa aber schüttelte sich nur so vor Lachen.

LEGENDE

So berühmt

Der Papst reist im Auto durch die menschenleere Ödnis Kanadas. Plötzlich sagt der Papst zu seinem Fahrer: „Lassen Sie mich mal ans Steuer."
Der Chauffeur: „Aber Heiliger Vater …"
Doch der Papst unerbittlich: „Mich sieht doch keiner, der Herr ist mit mir …"
Glücklich klemmt er sich hinters Steuer und fährt los. Erst 60 Meilen, dann 80 Meilen, 100 …
Da ertönt die Sirene der Highway Police. Der Papst stoppt, und die Polizisten klopfen ans Fenster. Noch bevor der Papst ein Wort sagen kann, rennen sie zu ihrem Wagen und funken die Zentrale an:
„Wir haben hier eine Geschwindigkeitsübertretung."
„Ja und, dann kassieren Sie halt …"
„Aber es ist eine wichtige Persönlichkeit."
„Na und, auch wenn's ein Minister ist, kassieren Sie endlich!"
„Aber er ist noch viel wichtiger!"
„Ja, wer ist er denn?"
„Wissen wir auch nicht, aber der Papst ist sein Fahrer!"

Metamorphose

Ein Jude zog in eine sehr katholische Gegend. Jeden Freitag wurden die Katholiken sehr nervös; denn während sie ihren Fisch aßen, saß der Jude im Garten und grillte Steaks. Also machten sie sich daran, ihn zu konvertieren. Schließlich, mit Bitten und Drohungen schafften sie es. Sie brachten ihn zu einem Priester, der besprenkelte ihn mit gesegnetem Wasser und sprach:
„... geboren als Jude,
... aufgewachsen als Jude,
... jetzt ein Katholik."
Die Katholiken waren begeistert. Keine verführerischen Gerüche mehr am Freitag.
Aber am nächsten Freitag zog der Grillgeruch wieder durch die Nachbarschaft. Die Katholiken rannten alle zum Haus des Juden, um ihn an seine neue Diät zu erinnern. Sie fanden ihn am Grill stehend, wo er Wasser über die dicken Steaks sprenkelte und sagte:
„... geboren als Kuh,
... aufgewachsen als Kuh,
... jetzt ein Fisch!"

„... und vergiss nicht, das Futter einzunähen"

Wie Till Eulenspiegel einen Mantel „fütterte"

„Je reicher die Herrschaft, umso geiziger ist sie", so sprach Till Eulenspiegel zu sich selbst, als er wieder einmal bei einem Schneidermeister als Geselle angestellt war. Denn nur zu gern und oft begab sich der Meister, wenn er sich nicht gerade mit Zunftkollegen zu einer fröhlichen Runde traf, früh zur Ruhe und überließ dem Schalk das Geschäft, gewohnt, dass die aufgetragenen Arbeiten, und deren waren nicht wenige, bis zum Morgen pünktlichst erledigt waren.

Eine Zeit lang machte Till die einseitige Verteilung der Arbeitslast mit, dann aber wurde es ihm schließlich doch zu dumm, denn auch der Lohn war eher kärglich statt angemessen, zudem erhielt er ihn des Öfteren nicht zur vereinbarten Zeit ausbezahlt.

„Warte, eines Tages kriege ich dich schon", sprach Till und ergriff die nächstbeste Gelegenheit beim Schopfe, um dem Meister alles heimzuzahlen. Ein Kunde hatte nämlich wertvollen französischen Stoff gebracht, um sich daraus einen modischen Mantel schneidern zu lassen.

Bis auf das Futter waren alle Teile zugeschnitten und zusammengenäht. „Mach noch heut Abend den Mantel vollends fertig und vergiss nicht, das Futter einzunähen", sagte der Meister zu seinem Gesellen und ging dann mit zufriedener Miene ins Bett.

Till Eulenspiegel aber griff nach einer Funzel, machte sich auf den Weg in den Stall und holte von dort eine Raufe (Futterkrippe) mit Heu ins Arbeitszimmer herein, warf das dürre Zeug auf den Tisch und begann alsbald zu sticheln.

Büschel für Büschel dieses getrockneten „Futters" nähte der Schalk in die Bahnen des Mantels ein, sodass der Kunde mit der Zeit zwar einen gefütterten Mantel erhielt, diesen aber beim besten Willen nicht hätte tragen können. Als Till feststellte, dass es wirklich keinen Platz mehr gab, um noch mehr Heu in den Mantel zu stopfen, griff er sein Bündel und schlich auf Zehenspitzen zur Tür hinaus.

Am nächsten Morgen rieb sich der Meister dreimal die Augen, bis er schließlich kapierte, dass Eulenspiegel den erteilten Auftrag wörtlich ausgeführt und sich inzwischen längst aus dem Staub gemacht hatte. Was blieb dem Schneider anderes übrig, als zur Wut über den Gesellen auch noch den Schaden zu tragen?

NACHERZÄHLT VON REINHARD ABELN

Die Sperlinge

O welch ein Geschnatter, was ist denn los?
Ach nichts, es haben die Sperlinge bloß
Bürgerversammlung auf Nachbars Zaun,
wohl an dreihundert sind zu schaun!

Die höchsten Interessen der Sperlingsschaft
bereden sie dort mit großer Kraft:
wie die Erbsen stehn und der Kopfsalat
und was sich sonst ereignet im Staat.

Ein jeder schnattert auf seinem Zweig,
sie reden alle und reden zugleich,
sie jilpen und schilpen und machen Skandal
und zetern, als hätten sie Landtagswahl!

Mit einmal reckt sich auf seinem Platz
ein Alter und warnt: Terr, terr, die Katz!
Hurr, burr, sind sie mit einmal fort,
und Nachbars Katze hat das Wort!

HEINRICH SEIDEL

Gerissener Reporter

Der englische Bischof Alfons Woodcliff reiste nach New York. Bei seiner Ankunft wurde er von einem Reporter eines Boulevardblattes provozierend gefragt, ob er auch die berühmten Nachtlokale besuchen würde.

Der Bischof, der vor den Reportern schon gewarnt war, erwiderte vorsichtig: „Gibt es denn Nachtlokale in New York?"

Am Tag darauf musste der Bischof in der Zeitung die Schlagzeile lesen: „ERSTE FRAGE DES BISCHOFS WOODCLIFF: GIBT ES DENN NACHTLOKALE IN NEW YORK?"

Der gute Hirte

Luther begutachtete die Predigt eines jungen Vikars. Dieser war so aufgeregt, dass er gleich am Anfang seine Blätter durcheinanderbrachte und nur noch die Worte des Predigttextes stammelte: „Ich bin der gute Hirt. Ich bin der gute Hirt."

Luther bedeutete ihm schließlich, von der Kanzel zu steigen, und predigte selbst. Nach dem Gottesdienst sprach er zu dem Vikar: „Ein gutes Schaf mögt Ihr sein, aber kein guter Hirt."

Wer sich selbst aufgibt

Zwei junge, unternehmungslustige Frösche gingen spazieren. Sie wollten die große Welt kennen lernen. Aber wie das so geht: Man kann sich auch auf einem Spaziergang verirren und verlieren. Was tun? Ihren Teich hatten die beiden noch unerfahrenen Frösche längst aus den Augen verloren. Über ihnen brannte unbarmherzig die Sonne.

Die zwei Grünröcke hatten einen maßlosen Durst. Auf einmal sahen sie einen großen Milchtopf; er stand im Flur eines Bauernhofes. Da die beiden Frösche mächtige Sprungschenkel hatten, machten sie einen gewaltigen Satz und saßen glücklich in der Milch. Gierig tranken sie sich satt. Wie gut die Milch schmeckte!

Aber schließlich kann und will niemand in einem Milchtopf sein Leben verbringen. Deshalb versuchten die beiden Frösche, die Topfwände hinaufzuturnen. Sie mussten aber bald erfahren, dass dies unmöglich war. Immer wieder rutschten sie in den Topf zurück und plumpsten in die Milch. Die Topfwand war zu steil und zu hoch!

Immer wieder wollten sie mit einem mächtigen Sprung ins Freie kommen. Aber vergebens! Sie waren völlig verzweifelt. Denn ein Frosch kann wohl im Wasser leben, aber auf keinen Fall in einer Molkerei.

„Ach", sagte der eine, „ich glaube, wir müssen hier elendiglich zugrunde gehen. Alles ist so maßlos traurig, alles ist so aussichtslos! Es wird wohl das Beste sein, wenn man sich gleich in sein unabwendbares Schicksal ergibt."

Gesagt, getan. Frosch Peter, der Pessimist, strampelte nicht mehr weiter, und mit einem letzten „Quak" ging er im Milchtopf unter.

Otto aber, der geborene Optimist, war nicht so leicht kleinzukriegen. Er schwamm und schwamm, strampelte und strampelte. Mit seinen kräftigen Hinterfüßen führte er gewaltige Stöße aus, die ihn von einer Topfwand zur anderen trieben.

Und siehe da: Allmählich, ganz allmählich wurde durch das Gestrampel die Milch in Butter verwandelt, in schwimmende Butterinseln. Darauf setzte sich der wackere Frosch und ruhte sich zunächst einmal aus. Dann stärkte er sich an der frischen Butter, und schließlich gelang ihm tatsächlich der große Sprung, der Sprung ins Freie und in die Freiheit! Er war seinem Milchtopf-Gefängnis entkommen. Und während er wieder seinem Froschtümpel zuhüpfte, dachte er dankbar bei sich: „Was für ein Glück, ein Optimist zu sein!"

ÜBERLIEFERTE GESCHICHTE

Kluge Antwort

Friedrich II. übernahm nach der Teilung Polens einen großen Teil der Besitzungen des Bischofs von Ermland. Als
der Bischof am Hof des Preußenkönigs weilte, wurde er
von diesem gefragt:
„Tragen Sie mir den Verlust noch nach?"
„Sire", antwortete der Bischof, „ich werde als guter Unter-
tan meine Pflicht gegen meinen Landesherren nicht vergessen."
Der König fragte weiter: „Und wenn mir der heilige Petrus den Zugang zum Paradies verweigert, werdet Ihr mich
unter Eurem Mantel versteckt mitnehmen?"
„Das wird kaum möglich sein", gab der Geistliche zurück,
„Eure Majestät haben mir den Mantel so kurz geschnitten,
dass keine Schmuggelware darunter Platz hat."

Beglaubigung?

Ein Priester versuchte Voltaire vom Glauben zu überzeu-
gen. Lange hörte er dem Geistlichen zu, bis er dann fragte:
„Darf ich wissen, wer Sie gesandt hat?"
Der Priester erwiderte: „Mich hat Gott gesandt!"
„Gut", sagte darauf Voltaire, „darf ich Ihr Beglaubigungs-
schreiben sehen?"

Glaubhaft

David Hume ging trotz seiner skeptischen Ansichten ab und zu in den Gottesdienst zu einem schottischen rechtgläubigen Geistlichen namens John Brown.
Auf die Frage, wie er das mit seinen Anschauungen vereinbaren könne, antwortete Hume:
„Ich glaube nicht alles, was er sagt, aber er glaubt es. Und dann und wann höre ich gern einem Mann zu, der glaubt, was er sagt."

Kein Zweifel

Bertrand Russel musste während des Ersten Weltkrieges eine Gefängnisstrafe antreten, weil er pazifistische Propaganda betrieben hatte.
Dort hatte er eine erheiternde Begegnung mit einem Gefängniswärter. Bei der Ankunft fragte dieser ihn, welcher Religion er angehöre. Russel antwortete: „Ich bin Agnostiker (Zweifler)."
Der Wärter murmelte vor sich hin: „Nun gut, es gibt viele Religionen, aber letztendlich glauben alle an denselben Gott."

Der dicke, fette Pfannkuchen

In Norwegen lebte eine Frau, die sieben Kinder hatte. Die Kinder waren immer hungrig. Am liebsten aßen sie Pfannkuchen.

Eines Tages beschloss die Mutter, nicht sieben gewöhnliche Pfannkuchen zu backen, sondern einen riesengroßen. Der sollte dann für die ganze Familie reichen. Also nahm sie Mehl, Milch, Butter, Eier, Zucker und Salz und machte den größten Pfannkuchen, den es jemals gab.

Die Kinder drängten sich um die Mutter, als diese den Teig in ihrer größten Schüssel rührte und knetete. Mit Begeisterung und Spannung sahen sie ihr zu.

Und wie aufgeregt waren die Kinder, als sie den Pfannkuchen in der Pfanne brutzeln und braun werden sahen! Sie sprangen in der Küche herum und sagten: „O, was für ein herrlicher, dicker, fetter Pfannkuchen!"

Als der Pfannkuchen das hörte, murmelte er vor sich hin: „Na, dann bin ich ja wohl etwas ganz Besonderes und viel zu schade zum Essen!" Und bei diesen Worten sprang er aus der Pfanne heraus und rannte hoppeldihopp nach draußen.

Der Pfannkuchen lief und lief und die sieben Kinder hinter ihm her. Aber der dicke, fette Pfannkuchen war viel schneller als die Kinder. Er war auch schneller als der Hund, der hinter ihm herlief, und erst recht viel schneller als die Hausziege, die sich der Jagd anschloss.

Der Pfannkuchen rannte auch einem Hahn, der ihn picken, und einer Kuh, die ihn lecken wollte, davon. Er überholte die Pferde auf den Wiesen und Feldern. Und auch hüpfenden Lämmern, die ihn beißen wollten, und niederstoßenden Falken wich er geschickt aus.

Gerade als ihm die Luft ein wenig wegblieb, kam der Pfannkuchen an einen Fluss. Er konnte aber nicht schwimmen und fragte sich, wie er wohl vor seinen brüllenden Verfolgern über das Wasser kommen könne.

Da sprang ein Ferkel, das auch hinter dem Pfannkuchen herlief, nicht weit von ihm ins Wasser. Es kam auf ihn zugepaddelt und fragte: „Dicker, fetter Pfannkuchen, du möchtest wohl über den Fluss, wie?"

„Ja, bitte, das möchte ich", erwiderte der Pfannkuchen. Und er freute sich, dass ihm das Ferkel dabei helfen wollte.

Das Ferkel bot dem Pfannkuchen an, sich auf seinen Rücken zu setzen. Aber o weh! Kaum hatte der Pfannkuchen dies getan, schnappte das Ferkel zu, biss eine Hälfte von ihm ab und verschlang sie.

Mit der anderen Hälfte sprang der Pfannkuchen sofort ans Ufer und rannte hoppeldihopp davon. Das Ferkel versuchte ihn einzuholen, aber es war zu langsam. So war der Pfannkuchen bald zwischen Feldern und Hügeln nicht mehr zu sehen.

Dies ist der Grund, warum Schweine noch heute mit ihren Schnauzen in der Erde herumwühlen: Sie hoffen, eines Tages die andere Hälfte des dicken, fetten, leckeren und runden Pfannkuchens zu finden.

NORWEGISCHES VOLKSMÄRCHEN

Glückliches Leben?

August der Starke war 1696, zunächst heimlich, zum katholischen Glauben übergetreten, damit er sich als König von Polen wählen lassen konnte. Da er kein religiöser Mensch war, fiel ihm das nicht schwer. Allerdings nahm er die Pflichten nur widerwillig wahr.

Bei einer Jagd erlegte er einen kapitalen Hirsch. Er beugte sich zu ihm nieder und sprach: „So ein Hirsch hat doch ein glückliches Leben gehabt, nie hat er sich eine Messe anhören müssen."

Gotteslästerung

Pastor Wright war erzürnt über die mangelnde menschliche Demut und predigte: „Das Fliegen ist den Engeln vorbehalten, und wer behauptet, dass Menschen eines Tages fliegen werden wie die Vögel, der lästert!"

Pastor Wright hatte zwei Söhne: Orville und Wilbur – die Erfinder des Motorflugzeugs.

Der Fuchs und der Ziegenbock

Der Fuchs war in einen Brunnen gefallen und musste notgedrungen drunten ausharren, da er nicht wusste, wie hinaufkommen. Ein durstiger Ziegenbock aber, der an den Brunnen kam, sah ihn und fragte, ob das Wasser gut sei. Der Fuchs, der sich über dieses glückliche Zusammentreffen sehr freute, lobte lang und breit das vorzügliche Wasser und redete ihm zu, auch herunterzukommen.

Der Ziegenbock sprang auch, weil er im Augenblick nur an seinen Durst dachte, ohne weitere Überlegung hinunter, und als er, nachdem der Durst gelöscht war, mit dem Fuchs das Hinaufkommen überlegte, sagte dieser, er habe einen guten Gedanken zu ihrer beider Rettung. „Wenn du die Vorderbeine gegen die Wand stemmen und die Hörner hochstellen willst, springe ich über deinen Rücken hinauf und ziehe dich dann nach."

Der Ziegenbock ging auch auf diesen zweiten Ratschlag bereitwillig ein: Der Fuchs kletterte ihm über die Hinterbeine auf die Schultern, und indem er sich auf die Hörner stellte, gelangte er zum Brunnenrand.

Einmal droben, machte er aber Miene, davonzugehen. Als ihm der Ziegenbock vorwarf, er handle gegen ihre Verabredung, drehte er sich um und sagte: „Du da drunten, wenn du so viel Verstand hättest wie Haare im Bart, dann hättest du dir vor dem Hinunterspringen das Zurückkommen überlegt."

So ist es auch bei den Menschen: Verständige denken zuerst an den Ausgang ihrer Unternehmungen, dann erst lassen sie sich darauf ein.

ÄSOP

Das Christkind im Schubkarren

Draußen war ein sonniger Wintertag. Da plötzlich – hastige Schritte – Kinderschritte. Das Gartentor zum Pfarrhaus kreischte in den Angeln und schlug heftig zu. Es schellte Sturm.

„Kommen Sie schnell, Herr Pfarrer, ganz schnell!"

„Was gibt es, Fritz? Warum bist so aufgeregt?"

„Das Christkind ist weg!"

„Was? Das Christkind soll nicht mehr in der Krippe liegen?"

Der Pfarrer wollte es dem Jungen nicht glauben. Darum sagte er: „Sei nur ruhig, Fritz, ich komme sofort!"

Dann zog sich der Pfarrer seine Jacke an, nahm den Hausschlüssel und eilte mit Fritz zur Krippe. „Wahrhaftig!", staunte der Pfarrer. Die Krippe war leer. Und er begann, darüber nachzudenken, wieso denn das Christkind verloren gegangen sein könnte.

Der Pfarrer und Fritz suchten in der ganzen Kirche nach dem göttlichen Kind. Aber – es war nirgendwo zu entdecken. Auch in der Sakristei war es nicht zu finden. Die beiden suchten und suchten, aber sie fanden das Christkind nicht.

Während Fritz schnell nach Hause eilte, um seinen Eltern von dem verschwundenen Christkind zu erzählen, machte der Pfarrer noch einen Rundgang um die ganze Kirche.

Da erblickte er plötzlich hinter der Kirche den kleinen Jakob. Der fuhr mit seinem nagelneuen, roten Schubkarren fröhlich dahin und sang dazu aus voller Brust.

Der Pfarrer blieb stehen, zumal Jakob schnurstracks auf ihn zufuhr. Das Kind wollte ihm gewiss sein Weihnachtsgeschenk zeigen. Doch – was musste er sehen? Da lag ja das verlorene Christkind auf einem Sofakissen, warm zu-gedeckt in Jakobs Schubkarre.

Glücklich schaute der kleine Jakob zum Pfarrer auf. Doch dann erschrak er, als er bemerkte, wie der Pfarrer ihn mit großen Augen betrachtete. „Wie, Jakob, du hast also das Christkind gestohlen?", sagte der Pfarrer.

Das Kind schaute ratlos um sich. Nein, was der Pfarrer da sagte, konnte Jakob nicht begreifen. „Ich? Nein, ich habe es nicht gestohlen", erwiderte der Junge.

„Aber, Jakob, du hast doch ...", wollte der Pfarrer weiter-sprechen.

„Nein, nein", sagte der Kleine, „ich habe es gar nicht ge-stohlen. Ich habe ihm nur etwas versprochen ..."

Jetzt wurde der Pfarrer neugierig: „Was hast du ihm denn versprochen? Komm, sag es mir!"

„Ich – ich habe dem Christkind gesagt: Wenn du mir in diesem Jahr wirklich die schöne rote Schubkarre schenkst, dann sollst du zuerst darin fahren!"

Der Pfarrer lächelte. Er hatte den kleinen Jungen sehr gut ver-standen. Jakob hatte zu Weihnachten die ersehnte Schubkar-re bekommen. Mit dieser war er zur Kirche gefahren. Dann hatte er das Christkind aus der Krippe genommen, in die Schubkarre gelegt und ist mit ihm spazieren gefahren.

Der Pfarrer lachte und auch Jakob lachte. Dann legte der Pfarrer dem Jungen die Hand auf den Kopf und sagte: „Du hast Recht, Jakob. Was man verspricht, das muss man hal-ten. Komm, nun bringen wir zwei das Christkind wieder zurück in seine Krippe!"

Jakob nickte eifrig und gemeinsam brachten die beiden das Christkind wieder zu Maria und Josef in die Krippe.

ALFONS BOPP/REINHARD ABELN

Glück gehabt

Papst Johannes XXIII. besuchte in Rom das Krankenhaus „Zum Heiligen Geist", das von Nonnen geleitet wird. Die Oberin kam, wegen des hohen Besuchs aufgeregt, herbeigeeilt und stellte sich vor: „Heiliger Vater, ich bin die Oberin vom ‚Heiligen Geist'."

„Haben Sie aber ein Glück – ich bin nur der Stellvertreter Christi", gab der Papst zurück.

Vergebens

Der Kardinal von Köln stirbt. Er vermacht seinen sprechenden Papagei dem Papst in Rom. Als sein Käfig nun im Arbeitszimmer des Papstes steht, macht der Vogel genau das, was er immer gemacht hat, er ruft: „Guten Morgen, Eminenz."

Der ganze Vatikan ist entrüstet, dass der Papagei nicht vorschriftsmäßig mit „Guten Morgen, Eure Heiligkeit" grüßt.

Sie probieren alles Mögliche, um dem Papagei den neuen Gruß beizubringen – vergebens.

Schließlich meint ein Berater des Papstes: „Wissen Sie was, Heiliger Vater, morgen früh kommen Sie in vollem Ornat mit Mitra, Hirtenstab und prunkvollem Messgewand ins Arbeitszimmer, dann ist der Papagei sicher so voller Ehrfurcht, dass ihm gar nichts anderes übrig bleibt, als ‚Heiligkeit' zu sagen." Gesagt, getan.

Am nächsten Morgen schleppt sich der Papst im vollen kirchlichen Ornat ins Arbeitszimmer. Der Papagei sieht ihn und ruft: „Kölle alaaf, Kölle alaaf!"

Ich bin das ganze Jahr vergnügt

Ich bin das ganze Jahr vergnügt.
Im *Frühling* wird das Feld gepflügt,
dann steigt die Lerche hoch empor
und singt ihr frohes Lied mir vor.

Und kommt die liebe *Sommerzeit*,
wie hoch ist da mein Herz erfreut,
wenn ich vor meinem Acker steh
und so viel tausend Ähren seh!

Im H*erbst* schau ich die Bäume an,
seh Äpfel, Birnen, Pflaumen dran.
Und sind sie reif, so schütt'l ich sie:
So lohnet Gott der Menschen Müh.

Dann kommt die kalte W*interzeit*.
Wie ist mein Häuschen da verschneit!
Das ganze Feld ist kreideweiß
und auf den Wiesen nichts als Eis.

So geht's jahraus, jahrein mit mir.
Ich danke meinem Gott dafür
und habe immer frohen Mut
und denke: Gott macht alles gut.

VOLKSGUT

Missverständnis

Eine junge Frau erhält zur Hochzeit ein Telegramm ihres alten Pfarrers. Es lautet: „Johannes 4,18".

Sie lässt sich vom Bräutigam eine Bibel geben, liest und fällt in Ohnmacht. Die Verwandten heben Telegramm und Bibel auf. Die Stelle lautet:

„Denn fünf Männer hast du gehabt, und der, den du nun hast, ist nicht dein Mann."

Ein Anruf beim Pfarrer klärt die Sache auf. Auf dem Telegrafenamt war die erste Zahl nicht mit übertragen worden, nämlich die 1. Es handelte sich also nicht um das Evangelium nach Johannes, sondern um den ersten Brief des Johannes! Die Stelle konnte nun der sich langsam erholenden Braut vorgelesen werden:

„Furcht gibt es in der Liebe nicht, sondern die vollkommene Liebe vertreibt die Furcht."

Die Sperlinge

Eine alte Kirche, in der die Sperlinge unzählige Nester hatten, wurde renoviert.

Als sie nun in ihrem neuen Glanz dastand, kamen die Sperlinge wieder, um ihre alten Wohnungen zu suchen. Aber sie fanden sie alle zugemauert.

Da schrien sie: „Zu was taugt denn nun das große Gebäude? Kommt, verlasst den unbrauchbaren Steinhaufen!"

NACH GOTTHOLD EPHRAIM LESSING

Wer's glaubt, wird selig: Rätselfragen für Querdenker

Du fährst mit dem Auto und hältst eine konstante Geschwindigkeit. Auf deiner linken Seite befindet sich ein Abhang. Auf deiner rechten Seite fährt ein riesiges Feuerwehrauto und hält die gleiche Geschwindigkeit wie du. Vor dir galoppiert ein Pferd, an dem du nicht vorbeikannst. Hinter dir verfolgt dich ein Hubschrauber auf Bodenhöhe. Das Pferd und der Hubschrauber haben exakt deine Geschwindigkeit!

Was unternimmst du, um dieser Situation gefahrlos zu entkommen?

Du wartest, bis das Kinderkarussell zum Stillstand kommt, steigst ab und schlenderst weiter zum Stand mit den gebrannten Mandeln.

Was ist der Unterschied zwischen Bill Gates und Gott?

Gott glaubt nicht, Bill Gates zu sein.

Was hat ein Auto mit Jesus gemeinsam?

Beide sind Mehrtürer!

Was liegt zwischen Himmel und Erde?

Das Wort „und".

Wer ist der Schutzpatron der Vergesslichen?

Dings.

Wo lässt der Hirte die Peitsche, wenn er abends nach Hause kommt?

Am Stiel.

Wann steht der Kaiser auf einem Fuß?

Wenn er aufs Pferd steigt.

Was oder wer ist frommer als Gott und böser als der Teufel?
Die Armen haben es, die Reichen brauchen es.
Und wenn man es zu oft isst, stirbt man.

Nichts! Nichts ist frommer als Gott und böser als der Teufel.
Die Armen haben nichts und die Reichen brauchen nichts.
Und wenn man zu oft nichts isst, dann stirbt man.

Wie feiert ein Schotte den 2. Adventssonntag?

Er stellt sich mit einer Kerze vor den Spiegel.

Warum schneiden die Friseure in Los Angeles lieber zehn dicken Männern die Haare als einem mageren?

Sie verdienen damit zehnmal so viel Geld.

Was macht ein Elefant, wenn er im Kirschbaum sitzt und nicht mehr runterkommt?

Er setzt sich auf ein Blatt und wartet, bis es Herbst wird.

Was haben Himmel und Hölle gemeinsam?

Das „H".

Welches Gebot kann man essen?

Das Salatangebot.

Was ist der Unterschied zwischen einer zweijährigen Maus und einem dreijährigen Tiger?

Ein Jahr!

Was passiert, wenn man ein grünes Hemd ins Rote Meer wirft?

Es wird nass.

Warum hat Gott von Adam eine Rippe geklaut und daraus eine Frau gemacht?

Er wollte zeigen, dass bei einem Diebstahl nichts Vernünftiges rauskommt.

Wie viele Tiere nahm Mose mit in die Arche?

Was hat Mose mit der Arche zu tun? Das war Noach.

Sieben Vögel sitzen auf einem Baum.
Zwei schießt der Jäger ab.
Wie viele Vögel bleiben sitzen?

Keiner. Alle erschrecken und fliegen weg.

Was wächst immer nur nach unten?

Der Eiszapfen.

Warum sieht sich die Katze um, wenn der Hund sie jagt?

Weil sie hinten keine Augen hat.

Wie weit läuft ein Hase ins Kohlfeld?

Bis zur Mitte, dann läuft er heraus.

Wo hat das Meer kein Wasser?

Auf der Landkarte.

Welche ist die gefährlichste Jahreszeit?

Der Frühling, denn da schießt der Salat und die Bäume schlagen aus.

Wie kann man die Zahl 66 vergrößern, ohne etwas hinzu-
zuzählen?

Indem man die Zahl umdreht.

Welcher Hals macht in die Hosen?

Der Schreihals.

Was ist das: Es hört ohne Ohren, spricht ohne Mund und antwortet in allen Sprachen?

Das Echo.

Welche Kerzen brennen länger, rote oder blaue?

Keine von beiden; beide brennen kürzer.

In welche Fässer kann man keinen Wein füllen?

In volle Fässer.

Welcher französische König trug die größten Schuhe?

Der mit den größten Füßen.

Welchen Hang kann man nicht hinaufklettern?

Den Vorhang.

Was kann man von einem Dreieck alles verwenden?

Das „Ei", der Rest ist Dreck.

Eine Mutter will fünf Birnen, zwei kleine und drei große, gerecht unter ihren Kindern verteilen. Wie macht sie das?

Sie kocht Kompott.

Was steht hinter dem Torwart?

Ein Fragezeichen!

Welcher Braten schmeckt teuflisch gut?

Der Satansbraten.

Über welche Brücke geht ein Tier besonders gern?

Die Eselsbrücke.

Welcher Fink sucht mit Vorliebe Pfützen und Schlammlöcher, um sich dreckig zu machen?

Der Schmutzfink.

Welcher Hahn hat keinen Kamm?

Der Wasserhahn.

Welchem Knecht gibt man keinen Lohn?

Dem Stiefelknecht.

Welches Brot kannst du nicht zum Frühstück essen?

Das Abendbrot.

Was ist länger: die Gurke oder die Banane?

Die Banane, und zwar um einen Buchstaben.

Was ist das Geschwindeste in der Welt?

Der Gedanke.

Was wäscht sich Tag und Nacht und wird immer schwärzer?

Das Mühlrad.

Ein Tal voll und ein Land voll
und am End' ist's keine Hand voll.
Was ist das?

Der Nebel.

Kurz vor Berlin schlief Herr Wagner im Auto ein, kam aber trotzdem ohne Unfall an. Wie?

Seine Frau saß am Steuer.

Warum schreit der Kuckuck niemals nachmittags?

Weil er „kuckuck" schreit.

Je mehr er hat, desto weniger wiegt er.

Käse mit Löchern.

Welches Rad wird am wenigsten belastet, wenn das Auto mit 100 km/h in eine Linkskurve fährt?

Das Reserverad.

Was ergibt dreimal sieben?

Sehr feinen Sand.

Was wird nass beim Trocknen?

Das Handtuch.

Was ist höher als der Mensch?

Seine Mütze.

Klimpermann und Klappermann
liefen beide den Berg hinan.
Klappermann lief noch so sehr,
Klimpermann kam doch noch eh'r.
Von wem ist hier die Rede?

Pferd und Wagen.

Welcher ist der beliebteste Sender Deutschlands?

Der Tausender.

Wie hoch ist der höchste Turm der Welt?

Höher als alle anderen.

Was brennt heller als ein Licht?

Zwei Lichter.

Was für Haare hat der Schimmel?

Die Pferdehaare.

Welcher Ast sitzt auf der Bank?

Der Gymnasiast.

Welche Rose duftet nicht?

Die Windrose.

Welcher Fisch ist der höflichste?

Der Bückling.

Mit welchem Auge sieht man nicht?

Mit dem Hühnerauge.

Welches ist der kälteste, welches der wärmste Vogel?

Der Zeisig – er ist hinten eisig.
Das Möwchen – es hat hinten ein Stövchen.

Was liegt auf dem Rasen und hat viele, viele Nasen?

Der Rechen.

Was stirbt, wenn es Wasser trinkt?

Das Feuer.

Was hat keine Hände und kann doch schlagen?

Die Uhr.

Welche Ratte frisst sich durch die Bücher?

Die Leseratte.

Wer ist morgens lang, mittags kurz und abends wieder lang?

Der Schatten.

Welches Glöckchen gibt keinen Laut?

Das Schneeglöckchen.

Was ist fertig und wird doch täglich neu gemacht?

Das Bett.

Womit fängt der Tag an und endet die Nacht?

Mit „T".

Kennst du ein dreisilbiges Wort, das 26 Buchstaben hat?

Das Alphabet.

Welcher Unterschied ist zwischen einer Tonne Sauerkraut und 2 x 2 = 4?

Eine Tonne Sauerkraut ist eine eingemachte Sache, aber dass zwei mal zwei vier ist, ist eine ausgemachte Sache.

Wer hat das größte Taschentuch?

Das Huhn, es putzt sich die Nase an der Erde.

Kapitän Hook machte drei Reisen um die Erde. Nach welcher starb er?

Nach der dritten.

Welches Laub wird immer kürzer?

Der Urlaub.

Was haben sie zu Rom in den Töpfen?

Den Boden.

Meiner Eltern Kind,
doch nicht mein Bruder noch Schwester.
Wer ist das wohl, mein Kind?

Du selbst.

Wo liegt der Hase am wärmsten?

In der Pfanne.

Welcher Ring ist nicht rund?

Der Hering.

Was ist groß beim Riesen und klein beim Zwerg?

Das „R".

Wann ist die Butter am lustigsten?

Wenn sie ausgelassen ist.

Welche Nägel sind in jedem Schuh?

Die Fußnägel.

Was ist das Erste, was ein Gärtner in seinen Garten setzt?

Seinen Fuß.

Welcher König kann fliegen?

Der Zaunkönig.

Welcher Strauß hat keine Blumen?

Der Vogel Strauß.

Welches Tier wirft keinen Schatten?

Der Maulwurf, weil er meist unter der Erde ist.

Warum fressen die weißen Schafe mehr als die schwarzen?

Weil es mehr weiße gibt.

Warum kann das Pferd kein Schneider werden?

Weil es das Futter frisst.

Welcher Bock hat keine Haut?

Der Sägebock.

Welche Schuhe zerreißen nie an den Füßen?

Die Handschuhe.

Wie kommen neugebackene Semmeln nach Amerika?

Altbacken.

Was haben Wolken und nervige Menschen gemeinsam?

Wenn sie sich verziehen, kann es doch noch ein schöner Tag werden.

Kennst du …

… eine Stelle, an der jeder Autofahrer bezahlen muss, wenn er dort stehen bleibt, auch wenn kein Polizist in der Nähe ist?

Die Tankstelle.

… eine Leitung, durch die weder Wasser noch Elektrizität fließt und die man doch für schwierige Bastelarbeiten braucht?

Die Anleitung.

… eine Tasche, die man mit ihrem Inhalt aufessen kann?

Die Maultasche.

Warum …

… ist der Mond so bleich?

Weil er die Nächte durchmacht.

… ist das Rätselraten so gefährlich?

Weil man sich dabei den Kopf zerbricht.

… ist der Schornsteinfeger schwarz?

Weil es keinen weißen Ruß gibt.

... gehen 20 Bohnen nicht in eine Milchflasche?

Weil sie keine Füße haben.

... setzen Frauen zum Nähen nur Hüte ohne Krempe auf?

Weil es keinen Fingerhut mit Krempe gibt.

Kennst du ...

... ein Werk, das Funken sprüht und bei dem es heiß hergeht?

Das Feuerwerk.

... einen Bart ohne Haar, der nicht abrasiert werden kann, aber manchmal abbricht?

Der Schlüsselbart.

... eine Bremse, die nicht bremsen, sondern stechen kann?

Die Pferdebremse.

... einen Sprecher, der weit reicht, aber nah sein muss und nicht sprechen kann?

Der Fernsprecher.

Gibt es etwa ...

... Kuppen, die man nicht besteigen, auf die man aber treten kann?

Die Fingerkuppen.

... Lieder, die man nicht singen oder spielen kann?

Die Augenlider.

193

(K)ein Mysterium:
Denksport für kluge Köpfe

1. Die rettende Idee

Ein Beduine hatte sich in der Wüste verirrt. Erschöpft gelangte er an eine tiefe Schlucht. Fände er eine Möglichkeit, sie zu überqueren, wäre er fürs Erste gerettet. Bei sich trug er zwei Kokosnüsse, deren jede 2 kg wog. Ihre Milch sollte ihn vor dem Verdursten retten.

Plötzlich tauchte in einiger Entfernung ein Löwe auf und begann, den Beduinen zu verfolgen. Wie ein Wunder mutete es an, dass der Beduine plötzlich vor einem schmalen Steg stand, der die Schlucht überquerte.

Doch ein neuer Schreck durchzuckte den Mann. Auf einer Tafel stand: Höchstbelastung 70 kg. Er allein wog 68 kg, die beiden Kokosnüsse je 2 kg, das macht zusammen 72 kg! Die Nüsse über die Schlucht zu werfen, war nicht möglich, da sie zu breit war.

Da kam dem Beduinen die rettende Idee. Er setzte den Fuß auf den Steg und überquerte ihn mit den beiden Kokosnüssen. Wie war das möglich?

2. Aufgepasst!

Die Ministrantinnen Diana und Helga sind Schwestern und sehen einander sehr ähnlich. Beide haben am gleichen Tag Geburtstag und sind im selben Jahr geboren. Dennoch sind die zwei keine Zwillinge. Warum nicht?

3. Vorsicht, Falle ...

Was lässt den Schmerz erst richtig wehtun?

4. Wie viele Kerzen?
Wenn du von 22 Kerzen am Weihnachtsbaum fünf ausbläst, wie viele Kerzen bleiben am Ende übrig?

5. Aufgepasst!
Du bist der Fahrer eines Rennwagens, der mit einer Geschwindigkeit von 240 km/h auf einer 100 km langen und 4 m breiten Rennpiste dahinrast.
Nach 10 Kilometern beginnt plötzlich ein Hagelsturm, der so stark ist, dass der Wagen nur mit halber Geschwindigkeit fahren kann.
Wie alt ist der Fahrer?

6. Vorsicht, Falle ...
Warum dürfen die Nordpolfahrer keine blauen Brillen tragen?

7. Eier legen
Ein Hahn legt auf einer Kirchturmspitze ein Ei. Der Wind kommt aus dem Osten. Zu welcher Seite kippt das Ei?

8. Weißt du es?
Mit welcher Geste beginnt der Priester die heilige Messe?
a) Friedensgruß
b) Bereitstellen von Brot und Wein
c) Kreuzzeichen
d) Lobpreis

9.

Wie hieß der fromme alte Mann, der im Tempel von Jerusalem den kleinen Jesus in seine Arme nahm und Gott mit einem Loblied pries?

a) Zacharias

b) David

c) Jakob

d) Simeon

10.

Der auferstandene Jesus wurde zuerst von einer Frau gesehen. Wie hieß sie?

a) Maria Magdalena

b) Marta

c) Anna

d) Salome

11.

Welche Tiere hütete der jüngere Sohn in Jesu Gleichnis vom barmherzigen Vater?

a) Schweine

b) Schafe

c) Ziegen

d) Gänse

12.

Wer war der erste Papst?

a) Petrus

b) Paulus

c) Johannes

d) Alexander I.

13.

In welcher Sprache hat Jesus zu den Leuten, die ihm zu-
hörten, gesprochen?

a) in griechischer Sprache

b) in aramäischer Sprache

c) in lateinischer Sprache

d) in arabischer Sprache

14.

Wer leitet die katholische Kirche in einem Bistum?

a) Bischof

b) Generalvikar

c) Domkapitular

d) Dekan

15.

Wie hat Jesus eigentlich ausgesehen?

a) dunkler Bart

b) schlank

c) hohe Gestalt

d) wissen wir nicht

16.
Wann gebraucht man die Redensart „Ein Engel geht durchs Zimmer"?
a) wenn schöne Musik erklingt
b) wenn es in einem Zimmer ganz still wird
c) wenn viel Licht einen Raum erfüllt
d) wenn eine Versöhnung stattfindet

17.
In welchem deutschen Fußballstadion wurde die erste ökumenische Kapelle eingerichtet?
a) Gottlieb-Daimler-Stadion Stuttgart
b) Westfalenstadion Dortmund
c) Allianz Arena München
d) Arena AufSchalke

18.
Welches kirchliche Gebet wird im Monat Oktober in besonderer Weise gepflegt?
a) Vesper
b) Rosenkranz
c) Magnifikat
d) Kreuzweg

19.

Welcher Heilige gilt als der Patron des deutschen Volkes?

a) Georg

b) Michael

c) Bonifatius

d) Martin

20.

Was bedeutet übersetzt die lateinische Abkürzung R.I.P. auf vielen Grabsteinen?

a) Ruhe im Paradies.

b) Er möge ruhen in Frieden.

c) Gib ihm die ewige Ruhe.

d) Das ewige Licht leuchte ihm.

21.

Welches Sakrament ist in der katholischen und in der evangelischen Kirche in gleicher Weise gültig?

a) Bußsakrament

b) Taufe

c) Firmung

d) Priesterweihe

22.

Wo steht die größte Glocke der Welt?

a) Rom

b) Erfurt

c) Moskau

d) London

23.
Wo befindet sich der höchste Kirchturm der Welt?
a) Rom
b) Wien
c) Assisi
d) Ulm

24.
Petrus war der bedeutendste Jünger und Apostel Jesu. Was bedeutet dieser Name?
a) Fischer
b) Fels
c) Oberhaupt

25.
Wer wurde als Nachfolger für den Verräter Judas Iskariot in das Kollegium der Apostel gewählt?
a) Stephanus
b) Matthias
c) Markus
d) Paulus

26.
Was erhielt Judas dafür, dass er Jesus verraten hat?
a) dreißig Stücke Silber
b) zwanzig Stücke Gold
c) zwei Ziegen

27.

Welche Personen – außer den Jüngern – gehörten noch zu den Anhängern Jesu?

a) Kinder
b) Pharisäer
c) Schriftgelehrte
d) Frauen

28.

Welchen Beruf hatte Josef, der Pflegevater Jesu?

a) Winzer
b) Zimmermann
c) Zöllner

29.

Welchen Jünger bat Jesus am Kreuz, nach seinem Tod für seine Mutter zu sorgen?

a) Petrus
b) Andreas
c) Jakobus
d) Johannes

30.

Welches Fest wurde in der Kirche als erstes gefeiert?

a) Weihnachten
b) Ostern
c) Pfingsten
d) Christi Himmelfahrt

31.

Was passt nicht zu den Vorsätzen für die Fastenzeit?

a) Ich helfe beim Kochen.

b) Ich besuche den alten Mann im 3. Stock.

c) Ich räume meine Bude auf.

d) Ich gehe eine Stunde später schlafen.

32.

Wer ruft die Heiligen Drei Könige gern als Schutz und Beistand an?

a) Kranke

b) Könige

c) Sänger

d) Reisende

33.

Wie viele Menschen wurden in Noachs Arche vor der großen Flut gerettet?

a) zwei

b) vier

c) sechs

d) acht

34.

Wer wurde von seiner Mutter in einem wasserdichten Körbchen im Schilf am Nilufer versteckt?

a) Abraham
b) Mose
c) Isaak
d) Jakob

35.

Wie lange war der Prophet Jona im Bauch des Fisches, der ihn verschlang?

a) 1 Tag und 1 Nacht
b) 2 Tage und 2 Nächte
c) 3 Tage und 3 Nächte
d) 4 Tage und 4 Nächte

36.

Wer verlor seine Kinder, sein gesamtes Vieh und wurde selbst aussätzig und gab trotzdem seinen Glauben an Gott nicht auf?

a) Tobit
b) Hosea
c) Kohelet
d) Ijob

37.
Von welcher Person ist in der Bibel am häufigsten die Rede?

a) Jesus
b) Petrus
c) Abraham
d) David

38.
Welcher Engel wird in der Heiligen Schrift am häufigsten erwähnt?

a) Michael
b) Gabriel
c) Rafael
d) Uriel

39.
Wer verschloss die Tür der Arche, bevor die Wasserflut über die Erde kam?

a) Noachs Frau
b) Gott
c) eine Taube

40.

Welches Tier hat eine innere Beziehung zum Osterfest?

a) Lamm

b) Kalb

c) Taube

d) Kamel

41.

Welches Fest wird am 2. Weihnachtsfeiertag gefeiert?

a) Fest der heiligen Barbara

b) Fest des heiligen Nikolaus

c) Fest des Erzmärtyrers Stephanus

d) Fest der Heiligen Familie

42.

Welches besondere Gebäck wird am Feiertag des heiligen Martin (11. November) gegessen?

a) Martinshörnchen

b) Martinsstollen

c) Martinsplätzchen

43.

In welchem Fluss wurde Jesus von Johannes (Namensfest: 24. Juni) getauft?

a) im Nil

b) im Jordan

c) im See Gennesaret

44.

An welchem Tag wird in der Regel das Fest eines Heiligen gefeiert?

a) am Geburtstag
b) am Todestag
c) am Tag der Heiligsprechung
d) es gibt keine Regel

45.

Wie viele Kinder hatten Adam und Eva, die in der Bibel namentlich erwähnt werden?

a) zwei
b) drei
c) vier

46.

Wo wirkte Jesus sein erstes Wunder?

a) bei einer Hochzeit
b) bei einer Beerdigung
c) in einer Synagoge

47.

In welcher Stadt wurde Jesus geboren?

a) Jerusalem
b) Nazaret
c) Betlehem

48.

Wer gilt als Erfinder des Adventskranzes?

a) Friedrich von Bodelschwingh

b) Johann Hinrich Wichern

c) Johannes Bosco

d) Adolph Kolping

49.

Was machen nach dem Sprichwort die Engel, wenn man mit dem Auto schneller unterwegs ist, als die Polizei erlaubt?

a) Sie steigen ins Auto ein.

b) Sie fliegen mit dem Auto mit.

c) Sie steigen aus dem Auto aus.

d) Sie bremsen das Auto ab.

50.

Von welchem Tier können laut König Salomos „Buch der Sprichwörter" die Faulen lernen?

a) vom Esel

b) von der Ziege

c) von der Biene

d) von der Ameise

51.
Wer ist der Schutzpatron der Diebe und Landstreicher?
a) Nikolaus
b) Franziskus
c) Zöllner Zachäus

52.
Wie heißt das Gebet- und Gesangbuch in der katholischen Kirche?
a) Messbuch
b) Gotteslob
c) Buch der Gläubigen

53.
Wie viele Heilige werden zu den so genannten Nothelfern gezählt?
a) 8
b) 10
c) 12
d) 14

54.
Im Jahr 1248 wurde mit dem Bau der größten deutschen Kirche begonnen. Welche ist es?
a) Frauenkirche München
b) Hamburger Michel
c) Freiburger Münster
d) Kölner Dom

55.
Durch welches Tier wird der Heilige Geist oft symbolisiert?
a) Ochse
b) Schlange
c) Taube
d) Fisch

56.
Wie heißt das Sprichwort weiter: „Wenn Engel reisen ...“?
a) lacht der Himmel
b) tanzen die Sterne
c) schlafen die Kinder
d) spielen die Harfen

57.
Welche Geschenke brachten die Heiligen Drei Könige dem Jesuskind in der Krippe?
a) Samt, Seide und Silber
b) Gold, Weihrauch und Myrrhe
c) Apfel, Nuss und Mandelkern

58.
Welcher Heilige hat die erste Weihnachtskrippe gebaut?
a) der heilige Josef
b) der heilige Franziskus
c) der heilige Ignatius

59.

Was ist Bundestrainer Jogi Löw am christlichen Glauben besonders wichtig?

a) Kirchenbesuch

b) Gebet vor jedem Spiel

c) Nächstenliebe

60.

Wozu ruft Jesus seine Jünger und uns in der Bergpredigt besonders auf?

a) zur Elternliebe

b) zur Feindesliebe

c) zur Geschwisterliebe

61.

Wie heißt die „goldene Regel", die Jesus seinen Jüngern und uns ans Herz legt?

a) Vergelte Gleiches mit Gleichem!

b) Alles, was ihr von anderen erwartet, das tut auch ihnen!

c) Kommt Zeit, kommt Rat!

62.

Was bedeutet das Wort „Pfingsten"?

a) Fest des Heiligen Geistes

b) 50. Tag nach Ostern

c) Fest der Kirche

63.

Welcher Fußballnationalspieler war früher kein Ministrant?

a) Mario Gomez

b) Miroslav Klose

c) Philipp Lahm

64.

Auf welcher Position im Fußballspiel spielte Papst Johannes Paul II. als Jugendlicher?

a) Verteidiger

b) Torwart

c) Mittelstürmer

65.

Wer gehört nicht zu den zwölf Aposteln?

a) Andreas

b) Jakobus

c) Lukas

66.

Wer ist der Patron der Jäger?

a) Heinrich

b) Hugo

c) Hubertus

67.

Was ist auf einer Osterkerze nicht abgebildet?

a) Jahreszahl

b) Dornenkrone

c) Alpha und Omega

68.

Wie werden die Tage im Monat Mai genannt, an denen es noch einmal richtig kalt werden kann?

a) Kälteapostel

b) Eisheilige

c) Frostjünger

69.

Was ist ein Kreuzweg?

a) der Name einer Straße in Jerusalem

b) der Weg zu einem Gipfelkreuz

c) der Leidensweg Jesu

70.

Auf welchem Tier ritt Jesus beim Einzug in Jerusalem?

a) Pferd

b) Kamel

c) Esel

71.
Welcher Monat gilt als Marienmonat?
a) Mai
b) Juni
c) August

72.
Wer war Silvester?
a) ein König
b) ein Feuerwerksfabrikant
c) ein Papst

73.
Womit wird am 24. Juli an den Geburtstag von Johannes dem Täufer erinnert?
a) mit Johannisbroten
b) mit Johannisläuten
c) mit Johannisfeuern

74.
Wie alt war Jesus, als er wandernd durch das Heilige Land zog und den Menschen von Gott erzählte?
a) etwa 20 Jahre
b) rund 30 Jahre
c) über 50 Jahre

75.

Von welchem Namen leitet sich die Kurzform „Jan" ab?

a) Joachim

b) Jakob

c) Johannes

76.

Wie heißt der Tag, an dem die Fastenzeit anfängt?

a) Karfreitag

b) Gründonnerstag

c) Aschermittwoch

77.

Was ist eine Mitra?

a) ein Bischofsstab

b) die Kopfbedeckung eines Bischofs

c) das Auto eines Bischofs

78.

Was heißt „Kyrie eleison" auf Deutsch?

a) Herr, erbarme dich.

b) Herr, wir danken dir.

c) Herr, du bist groß.

79.

Aus welchem Land stammt Papst Franziskus?

a) Italien

b) Argentinien

c) Spanien

80.

Wer bekam von Gott die Zehn Gebote?

a) Jona

b) Noach

c) Mose

81.

Wer gab am Anfang der Welt den Tieren ihre Namen?

a) Gott

b) Engel

c) Adam

82.

Womit besiegte der Hirtenjunge David den Riesen Goliat?

a) mit einem Stock

b) mit einer Steinschleuder

c) mit einer Lanze

83.
Wie heißt der erste christliche Märtyrer?
a) Paulus
b) Lazarus
c) Stephanus
d) Ignatius

84.
Woran erinnert uns das Weihwasser, mit dem wir ein Kreuzzeichen machen?
a) an unsere Taufe
b) an unsere Kommunion
c) an unsere Firmung

85.
Was bedeutet das Wort „Tabernakel"?
a) Schatzkammer
b) kleines Zelt
c) Geheimnis

86.
Warum hat eine Orgel kurze und lange Pfeifen?
a) um hohe und tiefe Töne zu erzeugen
b) um leise und laute Töne zu erzeugen
c) um kurze und lange Töne zu erzeugen

87.

Wie heißen die Eltern der Gottesmutter Maria?

a) Hildegard und Gunter

b) Anna und Joachim

c) Sofie und Leon

88.

Wer übersetzte die Bibel ins Deutsche?"

a) Konrad Duden

b) Martin Luther

c) Gebrüder Grimm

89.

In welcher Stadt waren Maria, Josef und Jesus zu Hause?

a) in Betlehem

b) in Nazaret

c) in Jerusalem

90.

Wie heißt das Licht im Altarraum einer Kirche?

a) Ewiges Licht

b) Heiliges Feuer

c) Licht Gottes

91. Ein Rätsel

Ich weiß ein Wort,
das hat ein L,
wer das sieht,
der begehrt es schnell;
wenn aber das L
weg und ab ist,
nichts Besseres
im Himmel und Erden ist.

MARTIN LUTHER

92.

Was will der Fahrer eines Autos zum Ausdruck bringen,
das einen Aufkleber mit einem Fisch mit sich führt?

a) Ich esse gern Fisch.
b) Ich komme von der Nordsee.
c) Ich bin ein Christ.
d) Ich handle mit Fischen.

93. Wer ist dieser Mann?

Gesucht wird eine Gestalt, die der Sage nach nur im November sichtbar ist. Es handelt sich um einen Mann, der sehr gütig war und einst mit einem Bettler den Mantel teilte, um ihn vor dem Erfrieren zu bewahren. Zuletzt wurde der Gesuchte hoch zu Pferde gesehen und von den Kindern umjubelt. Wie hieß dieser Mann?

94. Wie viele Schafe hat jeder?

Zwei Hirten treffen sich mit ihren Schafen auf einer Wiese. Klaus, der eine Hirte, sagt zu Rolf, dem anderen Hirten: „Gib mir eines von deinen Schafen, dann habe ich doppelt so viele wie du!"

Rolf denkt nicht daran. Er sagt zu Klaus: „Nein, gib du mir eins von deinen Schafen, dann haben wir beide gleich viele Tiere!"

Wie viele Schafe hat jeder der beiden Schäfer?

95. Tier und König

Kannst du erraten, wer wir sind?

Du brauchst nur die Buchstaben umzudrehen!

Ich selbst bin nur ein kleines Tier. Doch dreh mich um und sieh – ein Judenkönig wird aus mir!

96. Viermal wo?

1. Wo befindet sich das größte Fußballstadion der Welt?
2. Wo wurde die Schulpflicht zuerst offiziell eingeführt?
3. Wo steht die größte Kirche der Welt?
4. Wo befindet sich die schwerste schwingende Glocke der Welt?

97. Wer findet es?

Streiche die Buchstaben Y, J, K, L, M, O, P! Welches Wort erhältst du?

```
W J  K E L  M O P  *
*  I  Y O P H L P  M
N A * K J  L C H Y
*  T P O M S Z M P
E MY K L I  * O T
```

98. Buchstabenkreuz

```
    e e
    e e
e e f f g g
i l l p p p
    r r
    t t
```

Richtig geordnet ergeben diese Buchstaben 1. den Namen eines Insekts, 2. einen Teil des Hauses. Wie heißt die Lösung?

99. Magisches Quadrat

Setze Zahlen zwischen 1 und 20 in das Kästchen ein! Nach oben oder unten, nach rechts oder links zusammengezählt, muss das Ergebnis immer 34 sein.

1	8	13	12
	11		7
4		16	
15			6

100. Wie viele Dreiecke?

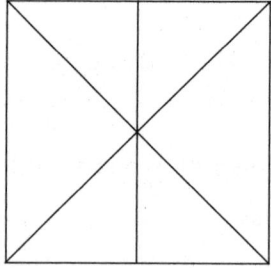

Wie viele Dreiecke stecken in dieser Figur: 8, 12 oder 16?

101. Die Spitze fehlt

Setze für jeden Strich in der oberen Reihe einen Buchstaben ein! Ein Tipp: Die senkrechten Reihen ergeben immer ein sinnvolles Hauptwort. Die gesuchte obere Reihe nennt dir bei richtiger Lösung den Namen eines deutschen Bundeslandes.

```
_  _  _  _  _  _
u  t  a  u  i  o
t  t  n  r  e  n
t  i  k  o  s  n
e  k  e  p  e  e
r  a  e  a  n  n
```

102. Zahlenrätsel

```
27  85  68  32  65
64  59  11  52  31
87  17  46  32  72
43  47  25  58  16
21  14  78  55  63
```

Zwei dieser Zahlen ergeben zusammen 100. Welche sind es?

103. Zahlenspiel

Übertrage die Zahlen von der linken auf die rechte Seite, und zwar so, dass in jeder Reihe (waagerecht und senkrecht) die Zahl 20 als Summe herauskommt!

2 2 2 2   _ _ _ _
4 4 4 4   _ _ _ _
6 6 6 6   _ _ _ _
8 8 8 8   _ _ _ _

104. Wer rechnet richtig?

$3564 = 6$

Setze in die vierstellige Zahl Plus- und Minuszeichen so ein, dass das Ergebnis stimmt!

105. Wohin geht die Reise?

Stromausfall! Die Anzeigetafel in diesem Flughafen hat Schaden daran genommen – statt der Flugziele gibt es nur einen Buchstabensalat. Findest du die Namen der Städte heraus?

01	FARNKFRUT
02	WEN ROYK
03	DRIMAD
04	DYSENY
05	HIDEL
06	SPIRA

106. Silbenrätsel

au – au – aus – bau – cha – che – diz – du – eg – ein – en – fel – gall – ge – hok – in – ka – ka – ke – ken – le – nan – nik – nin – pel – ra – sa – see – spa – stern – stock – ta – takt – ten – turn – wann

Aus diesen Silben sind 17 Wörter zu bilden. Bei richtiger Auflösung ergeben ihre ersten und vierten Buchstaben, jeweils von oben nach unten gelesen, ein Sprichwort.

1. See im SW von Berlin, 2. feuchte Niederungen, 3. Gerät zum Umgraben, 4. ein Planet, 5. Stab des Dirigenten, 6. Weiterbau, 7. Ackergerät, 8. unchristliche Vergeltung, 9. kleine Kirche, 10. für kurze Zeit einschlafen, 11. südamerikanischer Strauß, 12. Verdacht erregender Umstand, 13. russisch-französischer Maler († 1985), 14. Turnübung, 15. Wandplatte zum Beschriften, 16. Kaninchenfell, 17. essbare Meermuscheln.

107. Silbenrätsel

flö – steln – gen – kle – ma – ba – sin – ten – len – ben – auf – men – träu – sen – le

Wenn du die Silben richtig zusammensetzt, erfährst du, was Kinder in der Adventszeit und Weihnachtszeit besonders gern machen.

108. Silbenrätsel

al – be – bel – bel – ber – bi – bi – bri – burg – deln – deln
– der – ei – ein – el – en – en – fer – ga – gels – haar – hal –
in – kel – le – lu – ma – me – nar – ne – nu – pe – sä – salz
– sie – tan – tar – ul – zell

Aus diesen Silben sind 18 Wörter zu bilden. Bei richtiger
Auflösung ergeben ihre Anfangsbuchstaben, von oben
nach unten gelesen, einen Ausspruch des französischen
Schriftstellers Honoré de Balzac.

1. Erzengel, 2. gegerbte Tierhaut, 3. Gottestisch, 4. Laub-
baum, 5. die Heilige Schrift, 6. Tatenlust, 7. Suppeneinla-
gen, 8. Brettspiel, 9. Christbaumschmuck, 10. bayrisches
Eislaufzentrum, 11. Geburtsort Mozarts, 12. Fechtwaffe,
13. beliebter Weihnachtsbaum, 14. Vergrößerungsglas,
15. Kindeskind, 16. Nagetier, 17. Wallfahrtsort im Kanton
Schwyz, 18. Wundmal.

109. Silbenrätsel

Oster – pen – Tul – zissen – glöckchen – Kro – Gänse – Nar
– Schnee – blüm – kusse – glocken – chen

Wenn du die Silben richtig ordnest, erhältst du die Namen für sechs Frühlingsblumen. Wie heißen sie?

110. Silbenrätsel

bi – bin – de – e – e – es – fel – feu – gel – hil – lar – le – le – muk – na – ne – ne – o – on – or – pard – po – po – ro – sau – schof – sig – son – ta – teu – ton

Bilde aus diesen Silben folgende Wörter: 1. französischer Feldherr, 2. Musikinstrument, 3. priesterliches Gewand, 4. Raubtier, 5. immergrüne Pflanze, 6. Mädchenname, 7. Name aus einer Abenteuergeschichte, 8. Gewicht, 9. Nachfolger der Apostel, 10. biblische Person, 11. Satan, 12. saurer Wein, 13. Brückenheiliger.

Die Anfangsbuchstaben ergeben ein bekanntes Sprichwort.

111. Silbenrätsel

ap – del – do – fel – gar – gel – i – ka – ko – la – min – na – nau – ne – ne – ni – no – ort – son – sul – tan – tan – tar – ten – us

Suche aus diesen Silben folgende Wörter: 1. Gestirn, 2. Siedlung, 3. Nähwerkzeug, 4. Beamter, 5. Baum, 6. Obst, 7. Anbaufläche, 8. türkischer Kaisertitel, 9. Teil des Hauses, 10. Tier, 11. Name eines Heiligen, 12. Fluss.

Die Anfangsbuchstaben ergeben den Namen für ein „Glückskind".

112. Wer findet den Beruf?

In diesen Wörtern haben sich Berufe versteckt. Entdeckst du sie?

1. Maßschneiderinnung
2. Nordkapland
3. Schnellkocher
4. Proberaten

113. Wortverwandlung

H I R T

– – – –

– – – –

D O R N

Wenn du in jeder Zeile einen Buchstaben veränderst, dann verwandelt sich der HIRT in einen DORN.

114. Welches Wort passt nicht?

Bilde aus jeder Buchstabengruppe ein sinnvolles Wort. In der Reihe gibt es ein Wort, das nicht zu den anderen Wörtern passt. Wie lautet es?

HOJCEN   AILS   TERPE
ERDMNAF   MTOHAS

Auflösungen

1. Der Beduine jonglierte mit den Kokosnüssen. Da sich dabei eine Kokosnuss immer in der Luft befand, betrug die Belastung nie mehr als 70 kg.

2. Weil die beiden Schwestern noch eine Schwester haben, also Drillinge sind.

3. Das „m". Sonst wäre es ja ein „Scherz".

4. Fünf! Denn die anderen 17 Kerzen brennen schließlich ab.

5. Wie alt bist du? Du bist doch der Fahrer!

6. Sonst könnten sie die Eisbären für Blaubären halten.

7. Zu keiner Seite. Hähne legen keine Eier.

8. c) Kreuzzeichen. Diese Segensform stammt aus der Zeit von 150 bis 200 n. Chr.

9. d) Simeon. Vom Heiligen Geist war ihm offenbart worden, er werde nicht eher sterben, bis er den Messias gesehen habe (Lukasevangelium 2,25–35).

10. a) Maria Magdalena.

11. a) Schweine. Das Hüten dieser Tiere war für die Juden eine entwürdigende Tätigkeit. Schweine gehörten für sie zu den unreinen Tieren (Lukasevangelium 15,15).

12. a) Petrus. Jesus hat ihn zum Leiter der Kirche bestimmt und gesagt: „Du bist Petrus und auf diesen Felsen will ich meine Kirche bauen."

13. b) In aramäischer Sprache. Das war die Sprache, die zur Zeit Jesu

gesprochen wurde. Sie wurde im 7. Jahrhundert durch die arabische Sprache verdrängt.

14. a) Bischof. Er ist dafür verantwortlich, dass in den Gemeinden seines Bistums die drei Grunddienste der Kirche verwirklicht werden: Verkündigung, Gottesdienst und Dienst am Nächsten.

15. d) Wissen wir nicht. Von Jesus gibt es keine Fotos. Die Evangelien sagen nichts über sein Aussehen.

16. b) Wenn es in einem Zimmer ganz still wird. Diese (alte) Redensart gibt es auch in Schweden, Frankreich und England. Sie beruht auf dem Gedanken, dass beim Erscheinen eines Engels alle im Zimmer sofort schweigen würden.

17. d) Arena AufSchalke. Am 12. August 2001 wurde im Gelsenkirchener Stadion eine 70 Quadratmeter große, von Alexander Jokisch ausgestattete Kapelle eingeweiht.

18. b) Rosenkranz. Er entwickelte sich im 16. Jahrhundert nach dem Vorbild des Psalmenbetens.

19. b) Michael. Das Neue Testament berichtet von dem Erzengel Michael (hebräisch: „Wer ist wie Gott?"), der in seinem Kampf über den Teufel und dessen Anhang siegte.

20. b) Er möge ruhen in Frieden (requiescat in pace). So lautet der Segenswunsch für unsere verstorbenen Verwandten und Freunde auf dem Friedhof.

21. b) Taufe. Wer getauft ist, gehört zu Jesus und zur Gemeinschaft der Christen. Bei einem Wechsel der Konfession unterbleibt eine erneute Taufe.

22. c) Moskau. Die Glocke „Zar Kolokol" befindet sich in der Nähe des Kreml. Sie wurde 1733 gegossen, ist 5,8 m hoch und wiegt 181 Tonnen.

23. d) Ulm. Das gotische Ulmer Münster besitzt eine Höhe von 162 Metern.

24. b) Fels. Petrus hieβ ursprünglich Simon. Seinen Namen bekam er von Jesus in Karfanaum am See Gennesaret.

25. b) Matthias. Nach der Apostelgeschichte 1,15–26 wurde das Los zwischen Josef, genannt Barsabbas, und Matthias geworfen. „Das Los fiel auf Matthias und er wurde den elf Aposteln zugerechnet" (26).

26. a) Dreißig Stücke Silber. Das berichtet das Matthäusevangelium 26,14–16.

27. d) Frauen. Sie folgten Jesus und unterstützten ihn mit ihrem Besitz, zum Beispiel Maria Magdalena, Johanna und Susanna (Lukasevangelium 8,1–3).

28. b) Zimmermann. Auf Bildern sieht man Josef oft mit Säge und Hobel in der Zimmermannswerkstätte.

29. d) Johannes. „Und von jener Stunde an nahm sie der Jünger zu sich" (Johannesevangelium 19,27).

30. b) Ostern. Das Fest der Auferstehung Jesu feierten schon die ersten Christen. Das Weihnachtsfest wurde dagegen in der Kirche erst ab dem 4. Jahrhundert gefeiert.

31. d) Ich gehe eine Stunde später schlafen. Das ist eher eine gute Idee für die Ferien.

32. d) Reisende. Seit dem 12. Jahrhundert ist es Brauch, dass sich Menschen, die unterwegs sind, an die Heiligen Drei Könige wenden und um eine gute Reise bitten.

33. d) Acht. Es waren Noach und seine Frau sowie seine Söhne Sem, Ham und Jafet mit ihren Frauen (Buch Genesis 7,7).

34. b) Mose. Die Mutter wollte ihn retten vor dem ägyptischen König, der alle neugeborenen israelitischen Jungen in den Nil werfen ließ (Buch Exodus 1,22–2,10).

35. c) 3 Tage und 3 Nächte. In dieser Zeit betete er zu Gott um seine Rettung (Buch Jona 2,1–2).

36. d) Ijob. Gott belohnte seine Treue mit weiteren Kindern und großem Besitz (Buch Ijob 1,1–2, 10 und 42,7–17).

37. d) David. Er war von 1010 bis 970 v. Chr. König in Israel. Sein Name kommt in der Bibel 1118-mal vor.

38. b) Gabriel. Der Name stammt aus dem Hebräischen und bedeutet „Gott hat sich stark gezeigt". Gabriel kündigte u. a. die Geburt Jesu und die Geburt Johannes' des Täufers an.

39. b) Gott. Im Buch Genesis heißt es: „Dann schloss der Herr hinter ihm (Noach) zu" (7,16).

40. a) Lamm. Jesus ist das „Lamm Gottes". Johannes der Täufer sagte: „Seht, das Lamm Gottes, das die Sünde der Welt hinwegnimmt" (Johannesevangelium 1,29).

41. c) Fest des Erzmärtyrers Stephanus. Er war der Erste, der wegen seines Glaubens an Jesus Christus getötet wurde.

42. a) Martinshörnchen. Sie ähneln in ihrer Form kleinen Broten, wie sie zur Zeit des heiligen Martin gegessen wurden. Sie bringen denen Segen, die sie mit Freunden teilen.

43. b) Im Jordan. Lies dazu im Markusevangelium 1,9–11!

44. b) Am Todestag. Es gibt wenige Ausnahmen, zum Beispiel die Geburt Johannes' des Täufers am 24. Juni.

45. b) Drei. Der erste Sohn war Kain, der zweite Abel. Nachdem Kain

Abel erschlagen hatte, wurde Set als dritter Sohn geboren (Buch Genesis 4,1–2.25).

46. a) Bei einer Hochzeit. Sie fand in Kana in Galiläa statt (Johannesevangelium 2,1–11)

47. c) Betlehem. Davon erzählt das Lukasevangelium 2,1–20.

48. b) Johann Hinrich Wichern. Der evangelische Pfarrer stellte in seinem Waisenhaus in Hamburg 1839 erstmalig ein Holzrad mit 23 Kerzen auf. Um 1860 erhielt das Rad Tannenzweige.

49. c) Sie steigen aus dem Auto aus. So ist auf dem Aufkleber zu lesen, der Raser daran erinnert, die schützenden Engel nicht zu überfordern: „Fährst du schneller als erlaubt, steigen die Engel aus."

50. d) Von der Ameise. Wörtlich heißt es: „Geh zur Ameise, du Fauler, betrachte ihr Verhalten und werde weise!" (Buch der Sprichwörter 6,6).

51. a) Nikolaus. Der Bischof von Myra ist außerdem Patron der Schiffer, Gefangenen, Bäcker und Kaufleute.

52. b) Gotteslob.

53. d) 14. Sie werden von den Christen besonders in Not und Gefahr angerufen, zum Beispiel Ägidius, Akazius, Barbara oder Blasius.

54. d) Kölner Dom. Er wurde erst 1880 fertiggestellt.

55. c) Taube. Sie ist als Symbol auf vielen Bildern oder in Kirchenfenstern zu sehen.

56. a) … lacht der Himmel. Das bedeutet: Das Wetter ist zum Verreisen schön.

57. b) Gold, Weihrauch und Myrrhe. Diese wertvollen Geschenke machte man nur einem König – und Jesus war ein König!

58. b) Der heilige Franziskus. Er wollte den Menschen zeigen, was Weihnachten geschehen ist. Deswegen stellte er das Geschehen in Betlehem mit echten Menschen und Tieren nach.

59. c) Nächstenliebe.

60. b) Zur Feindesliebe.

61. b) Alles, was ihr von anderen erwartet, das tut auch ihnen!

62. b) 50. Tag nach Ostern.

63. c) Philipp Lahm.

64. b) Torwart.

65. c) Lukas. Er ist einer der vier Evangelisten.

66. c) Hubertus.

67. b) Dornenkrone.

68. b) Eisheilige.

69. c) Der Leidensweg Jesu.

70. c) Esel.

71. a) Mai.

72. c) Ein Papst.

73. c) Mit Johannisfeuern.

74. b) Rund 30 Jahre.

75. c) Johannes.

76. c) Aschermittwoch.

77. b) Die Kopfbedeckung eines Bischofs.

78. a) Herr, erbarme dich.

79. b) Argentinien.

80. c) Mose.

81. c) Adam.

82. b) Mit einer Steinschleuder.

83. c) Stephanus.

84. a) An unsere Taufe.

85. b) Kleines Zelt.

86. a) Um hohe und tiefe Töne zu erzeugen.

87. b) Anna und Joachim.

88. b) Martin Luther.

89. b) In Nazaret.

90. a) Ewiges Licht.

91. Gold [Golt] – Gott [Got].

92. c) Ich bin ein Christ. Der Fisch ist ein Zeichen für Jesus Christus.

93. Sankt Martin.

94 Klaus hat 7 Schafe, Rolf 5.

95. Laus – Saul.

96. 1. in Rio de Janeiro (Maracana-Stadion), 2. in Preußen im Jahre 1717, 3. in Rom (Petersdom), 4. im Kölner Dom (Petersglocke).

97. Weihnachtszeit.

98.
```
      F  T
      l  r
F  l  i  e  g  e
T  r  e  p  p  e
      g  p
      e  e
```

99.

1	8	13	12
14	11	2	7
4	5	16	9
15	10	3	6

100. 12

101. Bayern.

102. 68 + 32

103.

```
6 4 2 8
2 6 8 4
4 8 6 2
8 2 4 6
```

104. 3 + 5 - 6 + 4 = 6

105. Frankfurt, New York, Madrid, Sydney, Delhi, Paris.

106. 1. Wannsee, 2. Auen, 3. Spaten, 4. Saturn, 5. Taktstock, 6. Ausbau, 7. Egge, 8. Rache, 9. Kapelle, 10. einnicken, 11. Nandu, 12. Indiz, 13. Chagall, 14. Hocke, 15. Tafel, 16. Kanin, 17. Austern. – Was Stärke nicht kann, tut Behändigkeit.

107. Flöten, singen, basteln, aufkleben, malen, träumen, lesen.

108. 1. Gabriel, 2. Leder, 3. Altar, 4. Ulme, 5. Bibel, 6. Eifer, 7. Nudeln, 8. Halma, 9. Engelshaar, 10. Inzell, 11. Salzburg, 12. Säbel, 13. Tanne, 14. Lupe, 15. Enkel, 16. Biber, 17. Einsiedeln, 18. Narbe. – Glauben heißt Leben.

109. Tulpen, Osterglocken, Narzissen, Krokusse, Schneeglöckchen, Gänseblümchen.

110. 1. Napoleon, 2. Orgel, 3. Talar, 4. Leopard, 5. Efeu, 6. Hilde, 7. Robinson, 8. Tonne, 9. Bischof, 10. Esau, 11. Teufel, 12. Essig, 13. Nepomuk. – Das Sprichwort heißt: Not lehrt beten.

111. 1. Sonne, 2. Ort, 3. Nadel, 4. Notar, 5. Tanne, 6. Apfel, 7. Garten, 8. Sultan, 9. Kamin, 10. Igel, 11. Nikolaus, 12. Donau. – Die Anfangsbuchstaben ergeben das Wort Sonntagskind.

112. 1. Schneiderin, 2. Kaplan, 3. Koch, 4. Ober.

113. HIRT, HIRN, HORN, DORN.

114. AILS, gleich LISA. Die übrigen Worte sind Jungennamen.

Gute Unterhaltung: Spielideen für gesellige Runden

Rippeltippel

Rippeltippel ist ein Spiel für fünf bis zehn Personen. Ihr braucht eine Dose Creme dafür. Jeder Mitspieler erhält eine Nummer. Nummer 1 beginnt mit dem Satz: „Rippeltippel Nummer 1 ohne Tippel ruft Rippeltippel Nummer 5 ohne Tippel."

Nummer 5 ruft nun mit dem gleichen Satz einen anderen Mitspieler auf: „Rippeltippel Nummer 5 ohne Tippel ruft Rippeltippel Nummer 3 ohne Tippel."

Wenn ein Kind zu spät antwortet oder sich verspricht, erhält es einen Tippel. Das ist ein Tupfer mit der Creme. Nun heißt er Rippeltippel Nummer (?) mit einem Tippel. Bald werden einige Gesichter sehr lustig aussehen.

Geräusche-Memory

Dieses Spiel kannst du selbst basteln. Du brauchst dazu möglichst viele leere Filmdosen oder ähnliche Behältnisse.

Dort hinein füllst du etwas, das beim Schütteln der Dose ein Geräusch verursacht: Sand, Perlen, Zucker, Mehl, Pfefferkörner, kleine Steinchen, Murmeln oder was dir sonst noch einfällt. Jeweils zwei Filmdosen haben den gleichen Inhalt. Sie sollten etwa bis zur Hälfte gefüllt sein.

Nun beginnt das Spiel. Mische alle Dosen gut durcheinander. Kannst du nun am Schütteln hören, welche Dosen ein Paar bilden?

Rezeptschreiben

Viel zu lachen gibt es bei folgendem Spiel: Alle Mitspieler aus eurer Spielrunde schreiben auf einen weißen Zettel irgendeine Krankheit, zum Beispiel Halsweh, Magenschmerzen, Beinbruch, Ohrenweh, Kreuzschmerzen.

Dann schreiben alle Mitspieler auf einen roten Zettel eine Medizin: Pfefferminztee, Heftpflaster, Hautcreme oder Wadenwickel.

Darauf werden alle Zettel gut gemischt, je ein roter und weißer Zettel gezogen und vorgelesen. So helfen dann plötzlich Hautcreme gegen Kopfweh, Heftpflaster gegen Magenschmerzen oder Hustentropfen gegen Armbruch.

Wettbewerb mit Steinen

Ein schönes Spiel für gutes Wetter: Jeder Spieler sucht sich zehn kleine Steine und markiert sie mit Buntstiften. Ein großer Stein wird vom ersten Spieler als Ziel etwa fünf Meter weit nach vorn geworfen. Nun versucht jeder Spieler, einen seiner kleinen Steine so nah wie möglich an den großen zu werfen.

Wer's am nächsten schafft, darf alle übrigen Steine einsammeln. Hat einer keinen Stein mehr, ist das Spiel zu Ende. Gewonnen hat der mit den meisten Steinen!

Schiff unter

Bei diesem Spiel sitzen alle Spieler um einen Tisch, auf dem eine Schüssel mit Wasser steht. Im Wasser schwimmt ein Becher (eine Schale), etwa zur Hälfte mit Wasser gefüllt. Nun wird reihum gewürfelt.

Wer eine Sechs (oder eine Eins) würfelt, muss aus der Schüssel mit einem Fingerhut Wasser in den schwimmenden Becher gießen. Zunächst macht das weniger aus, aber irgendwann versinkt der Becher. Der Spieler, bei dem das geschieht, hat Pech gehabt. Er muss eine vorher vereinbarte (lustige) Aufgabe ausführen.

Ein Rechenkunststück

Möchtest du deine Eltern oder Freunde einmal mit einem Rechenkunststück überraschen? Du wettest mit ihnen, dass du bei einer bestimmten Rechenweise immer die Zahl 1089 als Ergebnis erhältst:

Man schreibt eine dreistellige Zahl auf, deren letzte Ziffer mindestens um 2 kleiner sein soll als die erste, beispielsweise die Zahl 712.

Von dieser Zahl (712) wird die Zahl in umgekehrter Ziffernfolge (217) abgezogen: $712 - 217 = 495$.

Diese neue Zahl (495) wird mit der Zahl ihrer umgekehrten Ziffernfolge (594) zusammengezählt, also $495 + 594 = 1089$.

Dieser kleine Spaß wird dir mit jeder dreistelligen Zahl gelingen.

Wir wollen reisen

Das ist ein Spiel für lange Abende. Die Zahl der Mitspielenden ist ganz frei. Das Spiel geht anhand des Alphabets. Ein Spieler beginnt mit dem Buchstaben A und sagt zum Beispiel: „Ich heiße Agnes, komme aus Amerika, handle mit Ananas und reise nach Augsburg." Der Spieler zur Rechten fährt fort mit B, zum Beispiel: „Ich heiße Bernhard, komme aus Berlin, handle mit Bernstein und reise nach Barcelona."

Und so geht es weiter, bis das ganze Alphabet durchgereist ist. Wer nichts weiß oder einen Fehler macht, muss ein Pfand geben. Wird das Spiel wiederholt, fängt jemand anders an, damit die Buchstaben nicht wieder an die Gleichen kommen.

Viel Vergnügen und glückliche Reise!

Wort–Zusätze suchen

Wer findet die meisten Zusätze zu bestimmten Wörtern? Jeder bekommt ein Blatt Papier – und los geht's! (Beispiel: Eis-heilige, -hockey, -meer, -schießen, -vogel)

1. Laub, 2. Kraft, 3. Hand, 4. Baum, 5. Alpen, 6. Stein, 7. Blut, 8. Kartoffel, 9. Hühner, 10. Feuer.

Laub-frosch, -hölzer, -säge- -sänger, ... Schau bei den anderen Wörtern im Lexikon nach!

Fröhliches Berufeiraten

Bei der nächsten Spielrunde denkt sich einer von euch einen Beruf aus und versucht, diesen mit typischen Handbewegungen und Gesten darzustellen, ohne ein Wort zu reden. Die anderen müssen den gespielten Beruf erraten. Hat ein Mitspieler richtig getippt, kommt er an die Reihe und darf sich einen Beruf ausdenken.

Lustige Sätze

In eurer Spielrunde lost ihr aus dem Alphabet einen Buchstaben aus. Damit soll in einer genau festgesetzten Zeit ein Satz mit fünf Wörtern gebildet werden, und zwar so, dass alle mit dem gleichen Buchstaben beginnen.
Zum Beispiel der Buchstabe B: Berta besorgt bald bunte Blumen.

Handtuchball

Dieses Spiel kannst du mit deinen Freunden bei schönem Wetter draußen spielen. Es ist so ähnlich wie Volleyball. Ihr spannt ein Netz oder ein Seil auf. Jetzt bildet ihr zwei Mannschaften zu je vier Spielern. Jede Mannschaft bekommt ein großes Handtuch.
Nun werden die Zipfel des Handtuchs von vier Spielern gehalten. Wenn der Ball auf dem Handtuch liegt und ihr gleichzeitig fest an den Zipfeln zieht, fliegt der Ball hoch. Versucht ihn übers Netz zu bekommen! Dort muss ihn die andere Mannschaft ebenfalls mit ihrem Handtuch auffangen. Fällt der Ball zu Boden, gibt's einen Punkt für die andere Mannschaft.

Wörter suchen

Für dieses Spiel denkt ihr euch ein Wort aus. Das schreibt ihr von oben nach unten auf ein Blatt Papier. Mit einigem Abstand schreibt ihr es dann von unten nach oben noch einmal daneben.

Beispiel:

A	L
P	E
F	F
E	P
L	A

Wer schafft es zuerst, den Zwischenraum mit Wörtern zu füllen? Die Anzahl der Buchstaben ist beliebig, aber der erste und der letzte Buchstabe stehen fest. Das erste Wort könnte zum Beispiel lauten: Angel.

Verrücktes Spiel

Jeder schreibt einen „Warum"-Satz auf einen Zettel, faltet das Blatt von oben her so weit um, dass der Satz verdeckt ist, und gibt ihn an seinen Nachbarn weiter.

Dieser schreibt eine Antwort auf den Zettel, die mit „weil" anfängt. Bevor er den Zettel weitergibt, schreibt er einen neuen „Warum"-Satz auf und faltet den Zettel so, dass der neue Satz ebenfalls verdeckt ist.

Zum Schluss werden alle Zettel auseinandergefaltet und die Fragen mit den einzelnen Antworten vorgelesen. Dann wird's lustig!

Stimmt das?

Johannes probiert bei seinem Freund einen Rechentrick aus, den er sich selbst ausgedacht hat. Er sagt:

„Denk dir eine einstellige Zahl aus, zähl noch einmal so viel hinzu, addiere zehn, teile durch zwei und zieh die zuerst gedachte Zahl ab! Es kommt immer fünf heraus!"
Stimmt das?

Es stimmt! Beispiel: $1 + 1 = 2, 2 + 10 = 12, 12 : 2 = 6, 6 - 1 = 5$.

Schreibspiel

Versuch mit deinen Freunden innerhalb einer bestimmten Zeit möglichst viele Wörter aufzuschreiben, in denen „ich – du – er – sie – es" vorkommen!

Beispiel: „Ich" steckt in den Wörtern Licht, wichtig, Fichte, Gericht.
„Du" ist in den Wörtern Durst, Geduld, Sanduhr ... enthalten.

Ist die Zeit abgelaufen, wird reihum vorgelesen. Wer die meisten Wörter gefunden hat, hat gewonnen.

Geben und nehmen

Die Spieler sitzen um den Tisch. Jeder erhält 12 Hölzchen (Streichhölzer) als Spielgeld. Fällt eine Eins, gibt man dem linken Nachbarn ein Hölzchen, bei einer Zwei dem rechten Nachbarn.

Bei Drei oder Vier wird in die Kasse in der Mitte eingezahlt, bei einer Sechs darf man sich dort ein Hölzchen nehmen, falls eines da ist.

Wer kein Hölzchen mehr besitzt, scheidet aus, bis er wieder eins erhält. Wer das letzte Hölzchen übrig hat, ist der Gewinner.

Gewusst, wo

Jede Gruppe eurer Spielrunde erhält die gleiche Ausgabe der Tageszeitung. Der Spielleiter stellt nun Fragen, die nur mithilfe der Zeitung beantwortet werden können. Die Gruppe, die zuerst die richtige Antwort findet, erhält einen Punkt.

Mögliche Fragen: An welchen Orten trafen sich die beiden Politiker X und Y? – Wie heißt der Chefredakteur der Zeitung? (Im Impressum nachzulesen.) – Wie teuer ist der Anzug, der vom Kaufhaus ... als Preisschlager angeboten wird?

Viel Spaß dabei!

Ein Spiel für unterwegs

Ein Mitspieler überlegt sich etwas, was er zählen möchte: zum Beispiel Kirchen, Polizeiautos, Hunde oder Wohnwagen. Sobald er davon etwas sieht, sagt er laut: „eins", beim nächsten Mal: „zwei" usw.

Die Mitfahrenden müssen herausfinden, was da gezählt wird. Wer es als Erster schafft, sucht sich selbst etwas aus und lässt die anderen raten.

Das verstümmelte Sprichwort

Bei diesem Spiel schreibt jeder irgendein Sprichwort auf ein Blatt Papier. Dann streicht ihr alle Vokale (a, e, i, o, u) durch. Das so verstümmelte Sprichwort schreibt ihr auf einen Zettel und gebt es dem rechten Nachbarn weiter. Sobald der erste Mitspieler das Sprichwort erraten hat, müssen alle aufhören. Für die richtige Lösung erhält er einen Punkt.

Ihr könnt das Spiel beliebig oft wiederholen. Wenn euch keine Sprichwörter mehr einfallen, nehmt ihr Titel von Liedern, Filmen oder Büchern.

Beispiel:
Mnslldntgnchtvrdmbndlbn = Man soll den Tag nicht vor dem Abend loben.

Wo bin ich?

Ein Spieler verlässt den Raum. Die anderen einigen sich darauf, welche Umgebung sie ihm vorspielen wollen. Dann wird der Ratende hereingerufen und die anderen stellen das gewählte Thema vor.

Beispiele: in der Straßenbahn, in der Schule, auf dem Fußballplatz, in der Kirche, im Restaurant.

Die Darstellung erfolgt ohne Worte, nur mit Mimik, Gestik und sonstigen Bewegungen. Wer seine Rolle am besten spielt, der darf als Nächster raten.

Immer 29997

Der Spielleiter fordert einen Teilnehmer auf, drei beliebige vierstellige Zahlen untereinander auf ein Blatt Papier zu schreiben. Er behauptet nun, dass diese Zahlen, zusammen mit drei vierstelligen Zahlen, die er selbst daruntersetzt, auf jeden Fall die Endsumme 29997 ergeben.

Der aufgeforderte Teilnehmer schreibt z. B.
4568
2985
3445

Der Spielleiter fügt die folgenden Zahlen hinzu:
5431
7014
6554
———
29997

Das kann der Spielleiter mit jedem anderen Spieler und seinen Zahlen wiederholen – und immer kommt 29997 heraus.

Die Lösung ist denkbar einfach: Da sich die Zahl 29997 aus 3 x 9999 zusammensetzt, muss der Spielleiter jede vom Spieler geschriebene Zahl auf 9999 ergänzen.

Grüß Gott, Herr Nachbar!

Bei diesem Spiel wird allen Teilnehmern – bis auf einen – ein Tuch vor die Augen gebunden.

Dieser hat die Aufgabe, immer jeweils zwei Personen zusammenzuführen, sodass sie sich die rechte Hand reichen und sagen: „Grüß Gott, Herr Nachbar!" Beide sollen dann erraten, wessen Hand sie halten.

Wer richtig geraten hat, darf sich hinsetzen und beim weiteren Verlauf des Spiels zuschauen. Alle, die falsch geraten haben, kommen noch einmal an die Reihe.

Der Turmbau zu Babel

Jeder von euch bekommt ca. 20 Streichhölzer. Auf einem kleinen Schnapsglas wird jetzt angefangen zu bauen. Sobald ein Hölzchen (oder mehrere) herunterfällt, muss der Spieler aufhören, das oder die Hölzchen zu seinen nehmen und der nächste Baumeister ist dran.

Wer zuerst seine ganzen Hölzchen verbaut hat, ist Oberbaumeister des Turmbaus zu Babel

Lachen verboten

Während eines normalen Tanzes wird die Musik plötzlich unterbrochen. Auf dieses Zeichen hin sollen alle Paare regungslos bleiben. Wer sich bewegt oder lacht, scheidet aus.

Nach kurzer Zeit spielt die Musik weiter und es wird wieder getanzt – bis zur nächsten Unterbrechung.

Die ausgeschiedenen Paare bemühen sich, die übrigen, die noch im Spiel sind, zum Lachen zu bringen. Sie dürfen allerlei Grimassen schneiden oder Witze erzählen, während die „Denkmalsfiguren" sich bemühen, keine Miene zu verziehen.

Das Siegerpaar erhält eine Belohnung oder darf sich ein Spiel wünschen.

Adler oder Zahl

Dies ist ein Spiel, das möglichst flott gehen muss. Alle sitzen im Kreis auf dem Fußboden. Einer sitzt in der Mitte und wirft eine Münze in die Höhe. Je nachdem, auf welche Seite das Geldstück fällt, ruft er „Adler" oder „Zahl"!

Bei „Adler" müssen alle anfangen zu lachen, so als hätte er einen guten Witz erzählt. Sobald er aber das Geldstück wieder aufgehoben hat, müssen alle Gesichter sofort todernst werden. Niemand darf sich mehr mucksen.

Bei „Zahl" bleiben alle stumm. Jeder, der einen Fehler macht, muss ein Pfand geben.

Bibelkuchen

Um das Geheimnis dieses Gebäcks herauszufinden, musst du in der Heiligen Schrift in den verschiedenen Kapiteln und Versen nachschlagen. Dort findest du die richtigen Zutaten und was du damit machen sollst, um einen leckeren Kuchen zu bekommen.

Zutaten:
1 und ½ Tasse Psalm 55,22a
6 Stück Hiob 39,14
2 Tassen Richter 14,18a
eine Prise Markus 9,50
½ Tasse 1. Korinther 3,2
4 und ½ Tasse 1. Könige 5,2
3 Teelöffel Backpulver (unbiblische Zutat)
2 Tassen 1. Samuel 30,12a
2 Tassen Nahum 3,12
1 Tasse Numeri 17,23

Hast du die Zutaten alle beschafft, solltest du folgende Ratschläge befolgen:
Behandle Römer 11,16 so, wie der König Salomo rät, dass man seine Kinder erziehen soll: Sprüche 23,14.
Die 1. Samuel 30,12 sollen kernlos sein, die Nahum 3,12 klein geschnitten, die Numeri 17,23 geschält und gerieben. Dies alles wird gut mit 1. Könige 5,2 bestäubt.
Schiebe den Römer 11,16 in einen Hosea 7,4 und lasse ihn über die Zeit von Matthäus 20,12 darinnen.

Gutes Gelingen und guten Appetit!

Schuhe suchen

Das ist ein Spiel, bei dem die Zuschauer den größten Spaß haben. Ihr braucht zum Spielen drei Personen, außerdem drei Stühle, zwölf einzelne Schuhe und drei Halstücher zum Verbinden der Augen.

Jeder der drei Spieler hat die Aufgabe, sich mit fest verbundenen Augen vier Schuhe und einen Stuhl zu suchen. Ist ihm das geglückt, so stellt er jedes Stuhlbein in einen Schuh und setzt sich auf den Stuhl. Wer das zuerst geschafft hat, ist Sieger.

Der Kerzentrick

Der folgende Kerzentrick eignet sich bestens für die Adventszeit, kann aber auch in jeder Mini-Runde oder im Kinderkreis vorgezeigt werden. Du brauchst: zwei Kerzen in unterschiedlicher Farbe, ein Tuch.

Und so verblüffst du deine Zuschauer: Erzähle, dass du mit verbundenen Augen erkennen wirst, welche der beiden Kerzen die Zuschauer anzünden.

Dann lässt du deine Zuschauer die Kerzen genau betrachten. Wenn du sie wieder in deinen Händen hältst, befeuchtest du einen Docht heimlich mit Spucke. (Du kannst auch vor der Vorstellung einen Kerzendocht unter Wasser halten.) Ein Zuschauer darf dir die Augen verbinden. Anschließend zündet er eine Kerze an. Du kannst sofort sagen, welche es ist. Warum? Die Kerze mit dem nassen Docht zischt, wenn sie angezündet wird.

Wer kennt sich aus?

Simon fragt in der Spielrunde seine Freunde: „Wer weiß ein Tier, das Augen hat und nicht sehen, Füße und nicht gehen, aber so hoch springen kann wie der Kölner Dom?" Schweigen. Stirnrunzeln. Schnaufen. Keine Ahnung. „Das Schaukelpferd", strahlt Simon. „Es hat Augen und kann nicht sehen. Es hat ..."

„Schon gut. Aber springen? So hoch wie der Kölner Dom?", fragen die Freunde.

„Klar! Der Kölner Dom kann ja gar nicht springen!"

Nicht zu glauben:
Wissenswertes und Kurioses

Wann werden Genies geboren?

Ein britischer Wissenschaftler behauptet: Genies werden hauptsächlich im Frühjahr geboren. Als Beweis für seine Behauptung verweist der Brite auf Leonardo da Vinci, Shakespeare, Charlie Chaplin, Michelangelo, Einstein und van Gogh. Diese Genies wurden alle im März oder April geboren.

„Nur vier von 100 Genies wurden in der zweiten Jahreshälfte geboren", sagt der Wissenschaftler.

Wusstest du schon . . .

... dass die Bibel das meistgedruckte Buch der Welt ist? Sie wurde in 475 Sprachen übersetzt.

... dass Michelangelo vier Jahre brauchte, um die Decke der Sixtinischen Kapelle zu bemalen? Er musste beim Malen auf einem fast 30 m hohen Gerüst liegen.

... dass das wohl berühmteste Gemälde der Welt die „Mona Lisa" von Leonardo da Vinci ist? Es hängt im Louvre in Paris.

... dass die kleinste Bibel der Welt eine Größe von 7 x 5 mm hat? Es handelt sich um eine Bibel in tschechischem Druck (1857), die 1997 auf einem Dachboden im westböhmischen Stribo (Mies) gefunden wurde.

... dass die Sihlcity-Kirche in Zürich im Jahr 2007 mitten in einem Einkaufszentrum errichtet wurde? Neben einer brennenden Kerze findet man dort die Bibel und auch die heiligen Schriften der anderen Weltreligionen.

... dass du jeden Tag rund 2,5 Millionen Kilometer unterwegs bist? Das ist die Strecke, die unsere Erde in 24 Stunden auf ihrer Bahn um die Sonne durchs All zurücklegt.

... dass der Hase schneller laufen kann als ein Rennpferd? „Meister Lampe" kann eine Geschwindigkeit von bis zu 72 km/h erreichen. So kann er sich vor Füchsen und anderen Feinden retten.

... dass die Lerche der einzige Vogel ist, der während des Fliegens singt?

... dass der Brauch, am 1. April jemanden in den April zu schicken, in ganz Europa und den USA verbreitet ist? Im Mittelalter galt der erste April als Todestag des Apostels Judas, der Jesus verriet. Indem jemand zum Narren gehalten wird, wird gewissermaßen Judas verspottet.

Warum heißt das Känguru so?

Die Entstehung des Namens „Känguru" geht auf eine Legende zurück: Als die ersten Weißen den neu entdeckten Kontinent Australien betraten, sahen sie die Beuteltiere herumspringen und fragten erstaunt die Ureinwohner, was denn das für komische Wesen seien. Einer der Ureinwohner antwortete: „Kangaroo", was so viel bedeutet wie: „Ich kann dich nicht verstehen." So blieb dieser Name den Tieren bis zum heutigen Tage erhalten.

Himmlischer Service

Die Kirchenzeitung „Der Tag des Herrn" berichtet:
Ein Stoßgebet zum Himmel kann nun auch formlos per E-Mail verschickt werden.
„Bitte tippen Sie Ihr Gebet in den Kasten und klicken Sie auf ‚Senden'", heißt es auf der Internetseite des Nonnenkonvents Tyburn in London. Der Service (www.tyburn-convent.org.uk/foundress/foundress.html) ist kostenlos. Die Gebete werden von den Schwestern ausgedruckt und neben dem Grabmal der Ordensgründerin auf eine Pinnwand gesteckt.

Ältester Goldfisch tot

Tish, der älteste Goldfisch der Welt, ist im Alter von 43 Jahren im Nordosten Englands gestorben. Nach einem Bericht der Zeitung „The Daily Telegraph" wurde der Goldfisch von seiner Besitzerin Hilda Hand (72 Jahre) in einem Joghurtbecher im Garten ihres Hauses beigesetzt.
„Über die Jahre hinweg sind wir uns sehr nahegekommen, und ich wusste genau, ob er glücklich ist oder nicht", sagte Hilda Hand der Zeitung. „Großen Lärm mochte er überhaupt nicht leiden." Einen neuen Goldfisch will sie nicht mehr: „Niemand kann Tish ersetzen."

Der richtige Prediger

Sechs Stücke gehören zu einem Prediger, wie ihn die Welt jetzt haben will:

1. dass er gelehrt sei,
2. dass er eine feine Aussprache habe,
3. dass er beredt sei,
4. dass er eine schöne Person sei, den die Mägdelein und Fräulein lieb können haben,
5. dass er kein Geld nehme, sondern Geld zugebe,
6. dass er rede, was man gerne hört.

MARTIN LUTHER

Gotteslob

Kennst du das Lied:
- … der Waschfrauen? –
  „Ich will dich lieben, meine Stärke!" GL 358
- … der Stallknechte? –
  „Es ist ein Ros entsprungen" GL 243
- … der Spätheimkehrer? –
  „Wie schön leuchtet der Morgenstern" GL 357
- … der Mondsüchtigen? –
  „Wohl denen, die da wandeln" GL 543
- … der Marsmenschen? –
  „Wir sind nur Gast auf Erden" GL 505

Tolle Fänger und Schützen

Manche *Reiher* lassen einen Köder (Insekt, Feder) ins Wasser fallen und warten, bis ein Fisch ihn entdeckt. Dann fangen sie den Fisch.

Der *Schützenfisch* schießt mit einem gezielten Wasserstrahl aus seinem Maul auf ein Insekt. Das getroffene Insekt fällt ins Wasser und wird gefressen.

Der *Knallkrebs* erzeugt mit seiner großen linken Schere ein lautes Knallen. Das betäubt kleine Fische so, dass sie leicht zu fangen sind.

„Von der Tarantel gestochen"

Der Ausspruch geht zurück auf die vier Zentimeter lange Wolfsspinne des Mittelmeergebietes. Sie wütete besonders verheerend vom 15. bis 17. Jahrhundert in Italien. Wer von ihr gestochen wurde, wurde schwer krank. Manche wollten sich retten, indem sie wie wild tanzten. Und da war etwas dran: Durch den wilden Tanz wurde viel Schweiß ausgesondert und damit auch die eingedrungenen Giftstoffe durch die Poren abgeführt.

Wusstest du schon . . .

… dass der Eingang zur Geburtskirche in Betlehem so niedrig ist, dass man sich bücken muss, um hineinzukommen? Die niedrige Tür sollte Moslems daran hindern, zu Pferd in die Kirche zu reiten und die Beter zu erschlagen.

… dass in der Geburtskirche im Fußboden ein silberner Stern eingelassen ist? In diesem Stern steht geschrieben: „Hier wurde aus Maria, der Jungfrau, Christus geboren."

… was die Martinsgans bedeutet? Nachdem der hl. Martin mit dem Bettler seinen Mantel geteilt hatte, beschloss er, aus der Armee auszutreten und Christ zu werden. Er wurde so beliebt unter den Christen, dass sie ihn zum Bischof einsetzen wollten. Weil er aber so bescheiden war, versteckte er sich in einem Gänsestall. Aber als die Christen nach ihm suchten, schnatterten die Gänse so laut, dass man ihn schnell fand. Bis heute essen viele am Martinstag eine Gans.

Schüler-Rekord

Die längste Bildergeschichte der Welt ist in Spanien entstanden.
In einem kleinen Dorf bei Barcelona malten rund 2.300 Schüler die Abenteuer der Katze „Ramon" mit Kreide auf die Straße. Die Geschichte bekam eine Länge von drei Kilometern. Mit dieser Leistung schafften die Schüler den Eintrag ins Guinnessbuch der Rekorde.

Besondere Modenschau

Meldung aus der Kirchenzeitung „Tag des Herrn":
Eine Modenschau der besonderen Art war jetzt in Rom zu sehen. Priester und Nonnen präsentierten in einem Trendlokal als Models Mode, die demnächst für einen guten Zweck versteigert werden soll.

„Gotteslästerlich", urteilte Bischof Antonio Riboldi.

Auch ein Kardinal rügte die Beteiligten. Angesichts des Ärgers hatten zwei Ordensschwestern, die auch teilnehmen wollten, Glück im Unglück. Ihre Anfahrt endete wegen eines Eisenbahnstreiks in Neapel.

Der verrückteste Rekord

Der Australier Les Stewart saß 16 Jahre und sieben Monate an seiner Schreibmaschine und tippte die Zahlen von eins bis zu einer Million auf Papier – in Worten ausgeschrieben.

Der Mann tippte 19 990 Blatt Papier voll, „verbrauchte" 1 000 Farbbänder und verschliss 7 Schreibmaschinen.

Ein besonderes Handicap war, dass Stewart nur einen Finger zum Tippen benutzen konnte. Die Beweglichkeit seiner Hand war wegen schwerer Verbrennungen, die er vor Jahren erlitten hatte, stark eingeschränkt.

Gefasst

Meldung aus der Kirchenzeitung „Tag des Herrn":

Eine Ordensfrau hat einen Raubüberfall in der süditalienischen Stadt Brindisi vereitelt und den Dieb gestellt. Als dieser sich gerade mit der Beute von 1 000 Euro davonmachen wollte, traf er auf Schwester Maria. Sie verhinderte mit einem Besen seine Flucht und alarmierte die Polizei.

140-Meter-Liebesbrief

Ein Mann aus Bayern hat einen Riesenliebesbrief geschrieben! Die Zuneigung zu seiner Angebeteten war so groß, dass er sein Liebesbekenntnis auf einer Länge von 140 Metern auf die Straße schrieb. Das ist Weltrekord! Aus Gründen der Verkehrssicherheit musste die bayerische Feuerwehr den Liebesbrief wieder löschen.

NACH EINEM ZEITUNGSBERICHT

20 Minuten Zeit

Automatische Toiletten eines deutschen Herstellers sind in New Yorker Parkanlagen aufgestellt worden. Mit einem „Quarter" (25 Cent) wird die Tür der Häuschen geöffnet. Neu an den „stillen Örtchen" ist: Wenn der Benutzer nach 20 Minuten nicht wieder herauskommt, öffnet sich automatisch die Tür!

NACH EINEM ZEITUNGSBERICHT

Zeitungsmeldung vor 100 Jahren
Eine seltsame Ankündigung von Weihnachtsgeschenken stand in der „Casseler Tagespost". Dort hieß es in einer Dezemberausgabe wörtlich:
„Zu bevorstehendem Weihnachten empfehle ich mein wohlsortiertes Lager von Särgen in allen Größen. A. Holle."

AUS DEM BUXTEHUDER WOCHENBLATT

Pfingstzungen
Weihnachtsgans, Ostereier und Pfingst … – ach ja: Pfingstzungen! Eine Oberpfälzer Konditorei hat auf die Idee eines Religionslehrers und seiner Schüler hin die Regensburger Pfingstzunge erfunden. Das Gebäck – ein Windbeutel mit farbiger Glasur – soll an die Feuerzungen erinnern, die, wie es in der Bibel berichtet wird, auf die Apostel herabgekommen sind und sie mit Heiligem Geist erfüllt haben.

Heiteres aus Schulaufsätzen

Die Missionare
„Die Missionare müssen den Heiden beibringen, wie man die Götzen wegschmeißt und ein richtiges Kreuz macht."

Die Papstwahl
„Wenn ein Papst stirbt, werden sämtliche Kardinäle eingemauert."

Petrus

„Petrus krähte vor Angst dreimal, aber zu seinem Glück hörte es niemand, und er konnte nach Rom flüchten. Dort kannte ihn niemand, darum konnte er unbehelligt Papst werden."

König David

„David war ein kluger Mann. Er schrieb seine Loblieder selber."

Der Friedhof

„Eine hohe, graue Mauer umschließt den Friedhof. Darinnen liegen unsere Väter und Mütter, Söhne und Töchter begraben."

Gott hat Humor:
heitere Lebensweisheiten und Gebete

Freut euch!

Freut euch
mit den Fröhlichen
und weint
mit den Weinenden!

BRIEF AN DIE RÖMER 12,15

Fröhliches Herz

Ein fröhliches Herz
macht das Gesicht heiter,
Kummer im Herzen
bedrückt das Gemüt.

BUCH DER SPRICHWÖRTER 15,13

Mach andere froh!

Der hat sein Leben
am besten verbracht,
der die meisten Menschen
hat froh gemacht.

JOHANNES BOSCO

Paradiesisch

Schule ist wie das Paradies:
Man kann rausgeschmissen werden.

Das weiß man nie so genau

Meine Schwester hilft mir, ohne was dabei zu sagen. Sie sieht sofort, wo es brennt. Außer den Eltern tun das doch nur Geschwister, vielleicht später noch die Ehefrau, aber das weiß man nie so genau.

ROLF, 15 JAHRE

Die Angst des Teufels

Der Teufel hat Angst
vor fröhlichen Menschen.

JOHANNES BOSCO

Fröhliche Schöpfung

Die Welt ist eine
fröhliche Schöpfung.
Beweis: Alle Vögel
singen in C-Dur.

JEAN GIONO

Sei fröhlich!

Sei fröhlich!
Es ist sehr notwendig,
heiteren Sinnes zu sein.

PHILIPP NERI

Die Seligpreisungen

Selig, die über sich selbst lachen;
sie werden genug Unterhaltung finden.
Selig, die einen Berg von einem Maulwurfshügel unterscheiden;
sie werden sich Ärger ersparen.
Selig, die schweigen und zuhören;
sie werden viel Neues erfahren.
Selig, die kleine Dinge ernst und ernste Dinge gelassen nehmen;
sie werden weit kommen.
Selig, die Gott erkennen und lieben;
sie werden Güte und Freude ausstrahlen.

DIE KLEINEN SCHWESTERN DES CHARLES DE FOUCAULD, PARIS

Kurz und verständlich

Die Zehn Gebote sind deshalb so kurz und verständlich,
weil sie ohne Mitwirkung einer Expertenkommission entstanden sind.

CHARLES DE GAULLE

Lieber Gott!

Beschütze meine Mutter und meinen Vater,
meine Geschwister, den Opa und die Oma!
Beschütze aber vor allem dich!
Denn wenn wir dich nicht mehr haben,
ist alles im Eimer!

GEBET EINES ZEHNJÄHRIGEN

Denk nach!
Wer glaubt, ein Christ zu sein,
weil er die Kirche besucht,
der irrt sich.
Man wird ja auch kein Auto,
wenn man in eine Garage geht.

ALBERT SCHWEITZER

Die Heiterkeit
Alles in der Welt ist Torheit,
nur nicht die Heiterkeit.

FRIEDRICH DER GROSSE

Glauben macht froh
Wer Glauben hat, der zittert nicht.
Glauben – das ist Heiterkeit,
die von Gott kommt.

JOHANNES XXIII.

Gott hilft weiter
Sei heiter –
es ist gescheiter
als alles Gegrübel.
Gott hilft weiter.
Zur Himmelsleiter
werden die Übel.

THEODOR FONTANE

Der Frohe lebt länger

Herzensfreude ist Leben
für den Menschen,
Frohsinn verlängert ihm die Tage.

BUCH JESUS SIRACH 30,22

Kindergebet

Lieber Gott, ich liege im Bett.
Ich weiß, ich wiege seit gestern
fünfunddreißig Pfund.
Halte Pa und Ma gesund!
Ich bin ein armes Zwiebelchen,
nimm mir das nicht übelchen!

JOACHIM RINGELNATZ

Das Beste

Das Beste, was wir auf der Welt
tun können, ist:
Gutes tun, fröhlich sein
und die Spatzen pfeifen lassen.

JOHANNES BOSCO

Quellenverzeichnis

Die Texte in diesem Buch wurden gesammelt von Reinhard Abeln bzw. sind entnommen aus:

Andreas Martin: Dein Wort in Gottes Ohr, St. Benno-Verlag, Leipzig 2012

Andreas Martin/Robert Rothmann: … und der Himmel lacht dazu, St. Benno-Verlag, Leipzig 2008

Andreas Martin/Robert Rothmann: Unglaubliches zwischen Himmel und Erde, St. Benno-Verlag, Leipzig 2007

Illustrationen: © Michaela Steininger/Fotolia.de